공부머리 깨우는 과학게임

79 Amazing Science Games
By Anna Claybourne and Amy Willcox

Copyright © Arcturus Holdings Limited

Korean translation copyright © 2023 by
Booksetong Co., Ltd.
This Korean edition published by arrangement
with Arcturus Holdings Limited through
YuRiJang Literary Agency.

이 책의 한국어판 저작권은 유리장 에이전시를 통해 저작권자와 독점 계약한 ㈜북새통에 있습니다. 저작권법에 의하여 한국 내에서 보호를 받는 저작물이므로 무단전재 및 복제를 금합니다.

공부머리 깨우는 과학 게임

초판 1쇄 발행 2023년 2월 6일

지은이	애나 클레이본
옮긴이	신기해
펴낸이	김영범

펴낸곳	㈜북새통·토트출판사
주소	(03955)서울특별시 마포구 월드컵로36길 18 902호
대표전화	02-338-0117
팩스	02-338-7160
출판등록	2009년 3월 19일 제315-2009-000018호
이메일	thothbook@naver.com

ⓒ Arcturus Holdings Limited
ISBN 979-11-87444-84-8 73400

잘못된 책은 구입한 서점에서 교환해 드립니다.

차례

게임을 시작하기 전에 … 8

1장 나만의 과학 장난감 만들기

1. 신비한 구슬의 세계로! … 12
2. 퐁퐁퐁, 구슬 트램펄린 … 14
3. 누가 누가 빠를까? … 16
4. 날아라, 로켓 풍선 … 18
5. 마법의 병 잠수부 … 20
6. 중력을 예측하라! … 22
7. 오르락내리락, 촛불 시소 … 24
8. 마법의 양배추주스 … 26
9. 부웅~ 헬리콥터 발사대 … 28
10. 돌아라, 미니 스피너! … 29
11. 자석 퀴즈 … 30
12. 뜨거나 가라앉거나 … 31

2장 멀티플레이어를 위한 게임

13 침몰에서 살아남기 … 34
14 왔다 갔다, 진자 볼링 대회 … 36
15 선 밟으면 아웃~ 동전 치기 … 38
16 팅기고 팅겨! 구슬치기 … 40
17 티들리윙크스 … 41
18 슛! 자석으로 달리는 축구 … 42
19 아슬아슬 구슬 옮기기 … 44
20 도전! 나만의 씨앗 만들기 … 46
21 종이 호버크라프트 만들기 … 48
22 넘칠 듯 넘치지 않는 표면장력 동전 … 50
23 물고기 경주 … 51
24 우주복 입고 임무를…… … 52

3장 도전 정신을 키워 주는 게임

25 종이 튜브를 세워라! … 56
26 컵으로 쏙! 동전 마법 … 57
27 카드로 만든 집 … 58
28 컵으로 쌓은 탑 … 59
29 더 튼튼하게! 종이 다리 만들기 … 60
30 가장 긴 도미노, 도전! … 62
31 쭉쭉 길어져라, 집게팔! … 64
32 달걀 낙하 실험 … 66
33 뗏목 만들기 … 68
34 종이 의자 만들기 … 70
35 거대한 비눗방울 만들기 … 72
36 그물 비눗방울 … 73
37 아슬아슬 스파게티 탑 쌓기 … 74
38 지진에서 살아남는 건축물 쌓기 … 75

4장 집중력을 높여 주는 게임

39 색깔 스트루프 게임 ··· 78
40 도형 스트루프 게임 ··· 79
41 거울로 그린 그림 ··· 80
42 거울로 쓰는 메시지 ··· 81
43 시장에 가면! ··· 82
44 미로 기억력 테스트 ··· 83
45 친구 훈련시키기 ··· 84
46 킁킁, 무슨 냄새일까? ··· 86
47 파란색을 맛보자! ··· 88
48 세 개의 작은 상자 ··· 90
49 음악의 속도 ··· 92
50 소리를 맞혀 봐 ··· 93
51 해골 그림 빙고 ··· 94
52 우리는 DNA 짝꿍! ··· 96

5장 손끝이 똑똑해지는 과학 공작 시간

53 무지개 바퀴 ··· 100
54 아슬아슬~ 균형 잡는 나비 ··· 101
55 깡충깡충 '점프 콩' ··· 102
56 별자리 원판 ··· 103
57 공기 대포 ··· 104
58 색종이 축포 ··· 105
59 종이비행기 발사대 ··· 106
60 놀라운 원통 비행기 ··· 107
61 지상 최대의 줄타기 쇼 ··· 108
62 공포의 투석기 ··· 110
63 슈퍼 도약대 ··· 112
64 기차 연주기 ··· 114
65 구슬 경주 ··· 116
66 루브 골드버그 장치 ··· 118

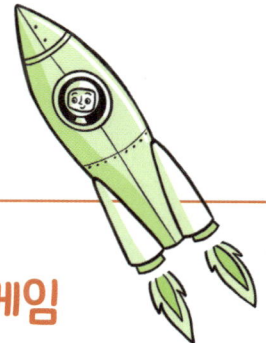

6장 　함께 하면 더욱 즐거운 단체 게임

67　종이비행기 에어쇼 … 122
68　반짝이는 세균 … 124
69　신경세포 경주 … 126
70　초능력 테스트 … 128
71　로봇 프로그래밍하기 … 130
72　댄스 코딩 … 132
73　화학 원소 빙고 … 134
74　스페이스 빙고 … 135
75　꽃가루 경주 … 136
76　위장 게임 … 138
77　지구와 달 … 140

용어 해설 … 142

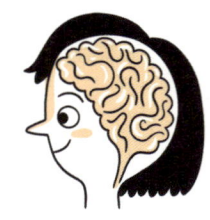

게임을 시작하기 전에

이 책에서는 친구, 가족, 또는 학급 친구들과 함께 할 수 있는 수십 가지의 환상적인 과학 활동과 게임을 소개하고 있습니다. 게임을 시작하기 전에 이 질문에 대해 함께 생각해 볼까요?

과학은 무엇일까요?

과학은 세상을 알아가는 방법입니다. 과학자들은 여러 가지 현상들이 어떻게 작동하는지 예측하고, 그것을 확인하기 위해 실험하고 탐구합니다.

그렇다고 해서 반드시 심각하거나 진지할 필요는 없습니다. 과학을 탐구하는 것처럼 신나고 재미있는 일은 없으니까요. 이 책에서 보여주듯 우리는 과학을 이용해 멋진 장치를 만들거나 여러 가지 대회에 참가할 수도, 놀라운 실험을 시도할 수도, 친구들을 깜짝 놀라게 할 수도 있습니다.

우주로 향하는 로켓은 '로켓 과학'에 달려 있습니다.

자동차나 기차, 비행기를 만들 때는 '힘과 운동'에 관해 알아야 합니다.

무너지지 않는 초고층 빌딩이나 다리를 건설하기 위해 '재료 공학' 분야를 이해할 필요가 있습니다.

컴퓨터와 로봇은 과학 기술을 한데 모아 놓은 것이나 다름없습니다.

화학은 페인트에서 배터리, 하수처리장에 이르기까지 모든 것을 만드는 데 도움을 줍니다.

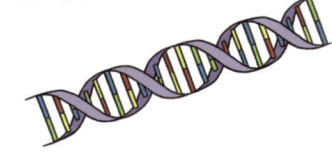

그리고 DNA에 관한 연구는 질병을 감지하고, 약을 만드는 데 그치지 않고 범인을 잡는 데도 도움을 줍니다.

게임을 시작해 볼까요?

이 책에서 소개하는 과학 게임들은 분명 놀라운 사실을 발견하고 멋진 실험을 직접 시도하는 데 도움이 될 것입니다.

자석이 어떻게 작용하는지, 물체가 왜 뜨는지, 왜 어떤 씨앗은 날개가 있는지, 뇌가 신호를 보내는 방법이나 기억력이 작동하는 방법, DNA가 어떻게 만들어지는지 등을 탐구할 수 있지요.

혼자 또는 친구와 함께 즐기는 게임들…….

종이와 연필만으로도 즐길 수 있는 게임이 있습니다.

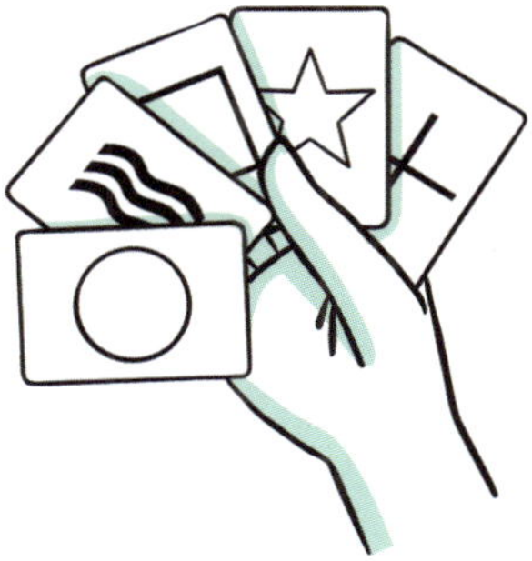

산책하던 중에나 이동하는 차 안에서도 할 수 있는 게임들…….

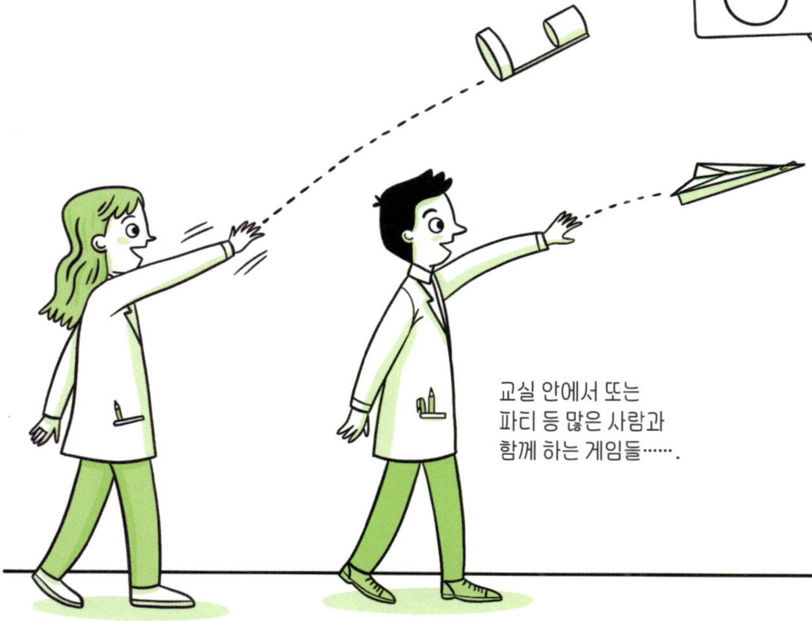

교실 안에서 또는 파티 등 많은 사람과 함께 하는 게임들…….

자, 이제 게임을 즐길 일만 남았네요!

1장
나만의 과학 장난감 만들기

① 신비한 구슬의 세계로!

'예측'은 과학 실험에 있어서 매우 중요한 탐구 방법입니다. 이 게임의 핵심이기도 하지요! 구슬이 충돌할 때 어떤 일이 일어날지 예상해 볼까요? 친구와 함께 결과를 예측하고, 누가 맞는지 확인해 봅시다.

준비물

- 같은 크기의 구슬 5개 이상
- 구슬을 굴릴 수 있는 레인(가운데에 길게 홈이 파인 자, 또는 자 두 개를 나란히 두고 사용해도 좋아요. 길이는 30cm 이상으로 준비하세요.)
- 레인을 고정할 셀로판테이프나 폼 양면테이프

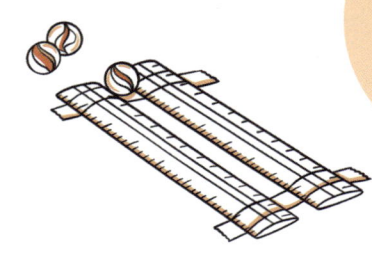

혼자서도 할 수 있지만 몇 명이 함께 해도 상관없어요.

게임 방법

① 자의 중간에 구슬 3개를 나란히 붙여 준비합니다.

② 조금 떨어진 곳에 또 구슬 1개를 올려 두세요.

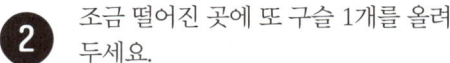

③ 떨어진 곳에 둔 구슬을 3개의 구슬이 있는 쪽으로 튕겨 봅시다. 그 전에 잠깐! 어떤 일이 일어날지 예측해 봅시다. 게임에 참여한 친구나 부모님, 주변에 있는 누군가와도 의견을 나눠 보세요.

④ 이제 시작해 볼까요?

자, 간다!

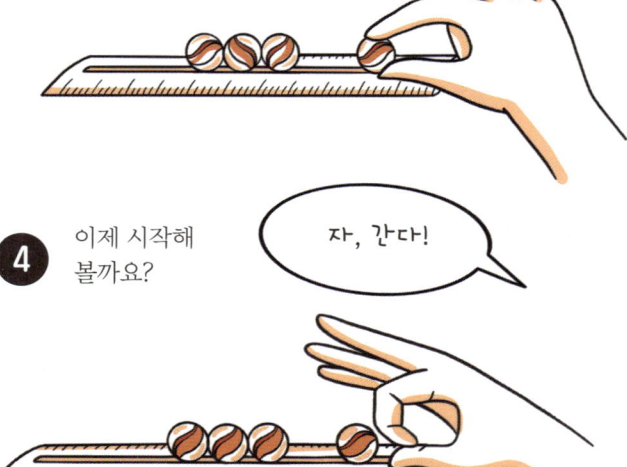

많은 사람들은 모든 구슬이 움직일 것이라 생각합니다. 그러나 실험에 성공했다면 나란히 놓여 있던 3개의 구슬 중 앞의 2개는 제자리에 있고, 반대쪽에 있던 나머지 구슬만 튕겨 나갈 것입니다.

이렇게도 해 보세요!

구슬을 여러 개 이용해서 더 길게 놓아 봅시다. 어떤 일이 생길까요?

여러 개의 구슬을 조합해서 연달아 두고 게임해 보세요. 2개, 3개, 1개씩 구슬을 떨어뜨려 놓고, 2개의 구슬을 튕기면 마지막으로 튕겨 나가는 구슬은 몇 개일까요?

두 개의 구슬을 동시에 다른 쪽으로 굴린다면 어떤 일이 생길까요?

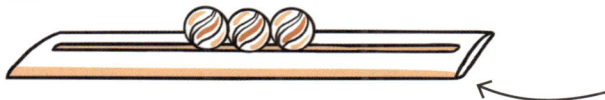

게임 속 과학

유명한 과학자 아이작 뉴턴은 여러 다른 과학자들과 함께 1600년대에 이 현상에 대해 연구했습니다. 구르는 구슬은 운동 에너지를 가지고 있습니다. 이 에너지는 나란히 서 있는 첫 구슬에, 바로 다음 구슬에 계속해서 전달되지요. 그러다 전달할 구슬이 없는 맨 마지막 구슬만 튕겨 나가게 되는 것입니다.

만약 두 개의 구슬을 굴린다면 어떨까요? 이전보다 더 많은 에너지를 전달한 후, 두 개의 구슬이 튕겨 나가게 됩니다.

'뉴턴의 요람'이라고도 부르는 이 장난감 역시 같은 원리로 움직여요.

② 퐁퐁퐁, 구슬 트램펄린

트램펄린에서 뛰는 걸 싫어하는 사람은 없겠죠?
구슬을 튕길 수 있는 미니 버전 만들기에 도전해 봅시다.

혼자 또는 친구들이나 가족과 함께 할 수 있어요.

준비물

- 구슬 4~5개
- 원형 풍선 1봉지
- 가위
- 입구가 넓은 병이나 플라스틱 그릇 4~5개(고급 컵이나 유리잔 등은 깨질 수 있으니 사용하지 마세요. 준비한 그릇은 높이가 각기 다른 것이 좋아요.)

게임 준비

1 트램펄린을 만들기 위해서는 병이나 플라스틱 그릇 여러 개와 풍선이 필요합니다. 풍선 입구에서 넓어지기 시작하는 부분을 가위로 자르세요.

2 각각의 풍선을 손으로 늘린 뒤 준비한 병이나 그릇 위로 덮어씌웁니다. 가능한 한 위쪽이 평평하고 매끄럽게 옆 부분을 단단히 잡아당깁니다.

게임 방법

③ 트램펄린 위에 떨어뜨린 구슬은 튀어 오릅니다. 더 높은 곳에서 떨어뜨려 봅시다. 구슬을 얼마나 높게 튕기도록 할 수 있나요? 트램펄린 중간에 제대로 떨어뜨릴수록 더 잘 튀어 오를 거예요.

④ 구슬 떨어뜨리기 기술을 다 익혔다면 도전해 보세요.

같은 트램펄린에서 최대 몇 번까지 구슬을 튕겨 오르게 할 수 있나요?

구슬이 트램펄린에서 플라스틱 그릇으로 튀어 들어가게 할 수 있나요?

높이가 다른 트램펄린을 여러 개 연달아 놓고, 구슬이 '계단처럼 아래로' 내려오도록 튕길 수 있나요?

게임 속 과학

트램펄린에 떨어뜨린 구슬은 왜 튕겨 오를까요? 이것을 이해하기 위해서는 에너지에 대해 알아야 합니다. 실제 트램펄린 소재와 마찬가지로 풍선은 탄성이 큰 소재입니다. 탄성은 물체에 힘을 줘 모양을 바꿨을 때 그 물체가 원래 모양대로 되돌아가려는 성질을 말해요. 구슬이 풍선 위에 떨어지면 구슬이 갖고 있던 운동 에너지가 풍선을 아래로 밀어 모양이 늘어나고 탄성 에너지가 쌓이게 됩니다. 늘어난 풍선이 원래의 모습으로 되돌아가면서 구슬을 튕기고, 다시 구슬은 떨어지면서 에너지의 이동이 계속되는 것이죠.

부우우우웅!

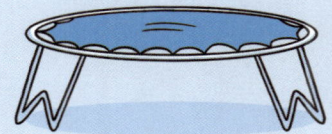

트램펄린의 탄성력은 가장자리에 빙 둘러진 스프링에서 나옵니다.

부우우우웅!

③ 누가 누가 빠를까?

점성이란 무엇일까요? 실험을 통해 배우면 쉽게 이해할 수 있습니다.
소중히 간직해 온 구슬을 꺼내 봅시다! 구슬 다이빙 시간이 돌아왔거든요.

준비물

- 같은 크기의 작고 투명한 병 또는 유리컵 3개 이상
- 같은 크기의 구슬 3개 이상
- 물, 주방세제, 투명한 샴푸나 샤워 젤, 꿀, 식용유, 소금물 (소금 몇 티스푼을 넣은 따뜻한 물)과 같은 다양한 종류의 액체 물질

야! 그거 내 샴푸잖아!

두 명 이상
(구슬을 동시에 떨어뜨려야 하니까요.)

게임 방법

① 병이나 유리잔을 나란히 놓고, 각각 다른 액체로 채웁니다. 예를 들어, 세 개의 병이나 잔을 가지고 있다면 물, 기름, 샴푸로 각각 채우면 됩니다. 모든 액체를 똑같은 높이까지 채워야 한다는 점에 유의합니다.

↑ 꿀 　 ↑ 물 　 ↑ 기름

② 각각의 병에 구슬을 떨어뜨릴 차례입니다. 그 전에 구슬이 얼마나 빨리 가라앉을지 예측해 봅시다. 어떤 병에 떨어뜨린 구슬이 가장 먼저 바닥에 닿을지 순서대로 맞혀 보세요. 실험에 참여한 다른 사람들과 함께 서로 의견을 나눠 봅시다.

③ 구슬이 각 항아리의 바로 위 중간 지점에 위치하도록 한 뒤 떨어뜨릴 준비를 합니다.

셋을 세면…… 시작!

무슨 일이 일어났나요? 예측이 맞았나요?

게임 속 과학

액체를 병에 부으면 어떤 것은 다른 것보다 더 뭉쳐서 느리게 떨어지는 것을 알 수 있습니다. 과학자들은 물체의 이런 성질들을 '점성'이라고 부릅니다. 점성이 클수록 액체는 더 끈적끈적해서 잘 움직이지 않고, 물체는 그 사이를 천천히 통과하게 됩니다.

액체의 점성은 분자의 구조나 성질, 분자 또는 원자 사이의 거리에 따라서 달라집니다.

17

④ 날아라, 로켓 풍선

5, 4, 3, 2, 1······ 풍선, 발사!

준비물

- 한 사람당 풍선 1개
- 가늘고 질긴 실 한 타래
- 종이 빨대(종이를 얇고 길게 말아 만들 수도 있습니다.)
- 가위
- 셀로판테이프
- 벽에 박힌 옷걸이, 난간 또는 창문의 잠금장치와 같이 고정되어 있고 튼튼한 물체(가구는 움직일 수 있으므로 사용하지 마세요.)

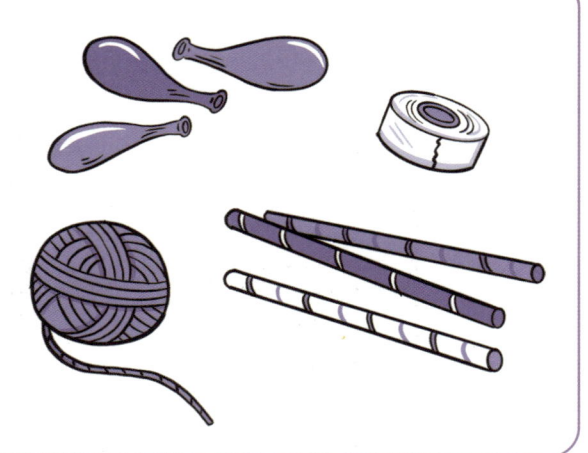

게임 방법

① 만약 구부러진 빨대를 준비했다면 곧은 부분만 남기고 잘라 냅니다.

참가자는 많을수록 좋습니다.

② 난간과 같이 고정된 물체에 끈을 묶습니다(필요하면 주변 어른에게 도움을 요청합니다). 실을 빨대 속에 넣고 반대쪽 역시 다른 곳에 팽팽하게 묶습니다. 실이 풀리지 않는지 잡아당겨 다시 한번 확인하세요.

빨대

❸ 풍선을 분 다음 입구를 손으로 잡아 공기가 새는 것을 임시로 막아 둡니다 (빨래집게나 클립을 이용해 임시로 고정해 두어도 좋습니다). 테이프를 이용해 풍선을 종이 빨대에 붙입니다. 어려우면 다른 사람들에게 도움을 요청하세요.

실이 경사진 경우, 낮은 쪽에서 풍선을 놓습니다.

풍선의 입구 쪽이 실의 바깥쪽을 향하도록 해야 합니다.

❹ 준비가 되면 고정해 둔 클립을 뺍니다.

로켓 풍선이 줄을 타고 빠르게 지나가야 합니다.

이렇게도 해 보세요!
제대로 게임을 즐겨 볼까요? 공간이 충분하다면 두 줄을 나란히 세우고 로켓 경주를 해 보세요! 가능한 한 길게 줄을 세우고, 로켓 풍선이 얼마나 날아가는지 친구들과 대결을 해 보세요!

게임 속 과학
공기가 풍선 바깥으로 뿜어져 나오면서, 풍선과 공기는 서로 밀어냅니다.

공기가 풍선을 미는 방향

풍선이 공기를 미는 방향

실제 우주 로켓이 연료를 태워 가스를 내뿜을 때도 같은 일이 일어납니다.

로켓이 뜨거운 가스를 내뿜는 방향

공기가 로켓을 밀어 올리는 방향

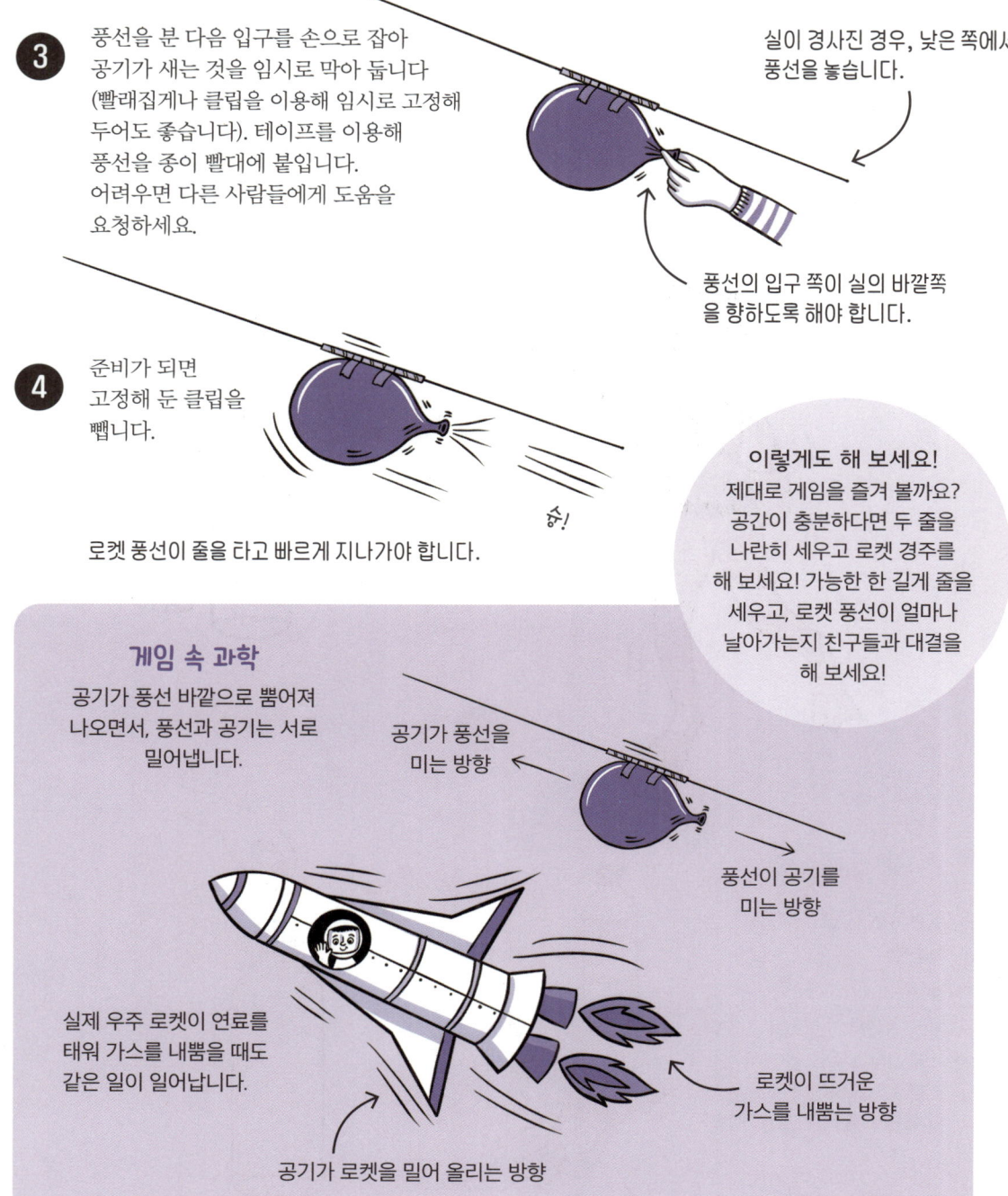

⑤ 마법의 병 잠수부

물이 가득한 병 안에서 위아래로 움직일 수 있는 미니 잠수부를 만들어 보세요.
손을 대지 않아도 저절로 움직이는 잠수부입니다. 마치 마법처럼 말이에요!(마법이 아니라 과학입니다!)

혼자 또는 팀으로 할 수도 있어요.

게임 방법

① 병에 찬물을 가득 채웁니다. 물이 쏟아질 수 있으니 대야나 싱크대에서 하는 게 좋습니다.

② 점안기에 반쯤 차도록 물을 빨아들입니다.

준비물

- 뚜껑이 있는 크고 투명한 페트병
- 물
- 점안기(없다면 일회용 스포이트에 고무찰흙을 붙여 무게를 조절해 사용하거나 일회용 케첩 팩을 사용해도 좋습니다.)

③ 점안기를 병에 넣습니다.
점안기가 병 입구 근처에
떠 있어야 합니다.
물이 약간 넘칠 수 있으나
크게 상관없습니다.

④ 병뚜껑을 돌려
단단히 닫습니다.

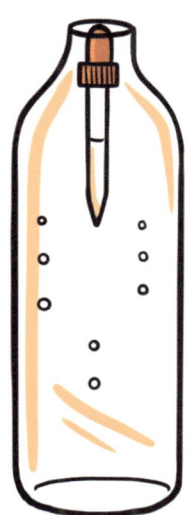

게임 속 과학

잠수부는 어떻게 물속으로 가라앉을까요? 병을 누르면, 물이 잠수부 안에 있는 공기를 누르는 압력이 커지면서 부피가 줄어듭니다. 이에 따라 잠수부의 밀도(물질의 질량을 부피로 나눈 값, 부피가 같을 경우 질량이 클수록 밀도가 크다)가 물보다 커지면서 가라앉게 됩니다. 병을 누르는 힘을 없애면 공기는 다시 팽창해 더 많은 공간을 차지하면서 밀도가 커지고 잠수부는 수면 위로 올라갑니다.

⑤ 잠수부를 물속으로 가라
앉히려면 한 손 또는 두 손
으로 병을 감싸고 부드럽게
누릅니다. 가라앉지 않으면
조금 더 세게 누르세요.
잠수부가 바닥으로
가라앉는 것을
확인할 수 있습니다.

다시 올라갈게!

⑥ 그리고 손을 놓으면, 잠수부는 다시
위로 올라갑니다.

6 중력을 예측하라!

무게가 다른 두 물체를 동시에 떨어뜨리면
어느 것이 먼저 땅에 떨어지고, 그 이유는 무엇일까요?

혼자서 해보거나,
친구 또는 가족과 함께
결과 예측하기.

고대 그리스 과학자 아리스토텔레스는 무거운 것들이 더 빨리 땅으로 떨어진다고 말했습니다.

그러나 1500년대 이탈리아의 과학자들은 그 말에 동의하지 않았어요. 그들은 어떤 것이 먼저 땅에 닿는지 알아보기 위해 서로 다른 크기와 물질로 이루어진 공을 떨어뜨리는 시도를 했습니다.

일부 기록에 따르면, 그들은 피사의 사탑에서 공을 떨어뜨렸다고 해요.

조심해!

준비물

- 화장지
- 동전
- 가위
- 동일한 두 개의 작은 상자나 뚜껑이 있는 작은 용기

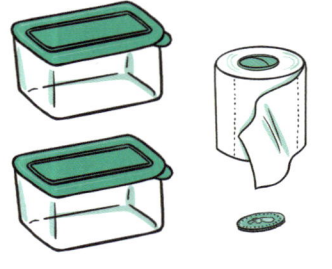

게임 방법

1 공기의 영향을 줄이기 위해 바람이 없는 실내에서 실험하는 것이 좋습니다.

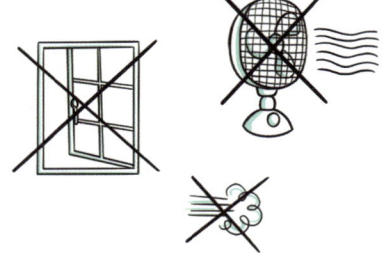

2 화장지를 동전과 같은 크기로 동그랗게 자릅니다.

3 동전과 화장지를 같은 높이로 들어 올립니다.

4 셋을 센 뒤 정확히 동시에 떨어뜨립니다.

6 두 개의 동일한 상자에 동전과 화장지를 넣고 다시 실험해 봅시다. 상자들은 똑같은 모양이지만, 여전히 화장지가 더 가벼운 것처럼 서로 무게가 다릅니다.

7 3~4번과 같이 다시 한 번 실험하고, 무슨 일이 일어나는지 관찰합니다.

5 화장지가 땅에 닿는 데 훨씬 오래 걸립니다. 왜 그럴까요? 아리스토텔레스가 말한 것처럼 무게가 다르기 때문일까요?

게임 속 과학

물건을 상자 안에 담아 떨어뜨리면 이전과는 달리 동시에 바닥에 떨어집니다. 크기나 무게에 상관없이 중력은 같은 힘으로 물체를 끌어당기기 때문입니다.
처음에 화장지가 동전보다 더 늦게 떨어진 이유는 공기 저항 때문입니다. 더 가벼운 원형 화장지는 공기가 중력과 반대 방향으로 밀어 올리는 힘이 작용해 더 느려집니다. 마치 낙하선처럼 말이죠. 만약 공기가 없다면 동전과 같은 속도로 땅에 곧장 떨어질 것입니다.

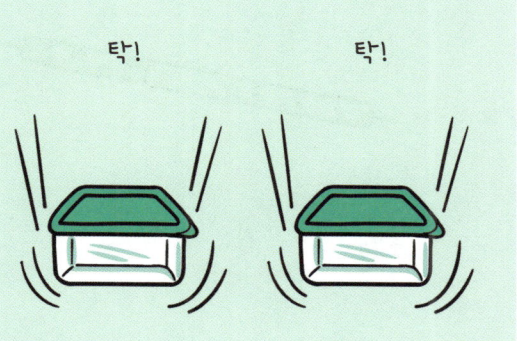

⑦ 오르락내리락, 촛불 시소

양쪽 끝에서 붉게 타오르며 위아래로 스스로 움직이는 시소를 만들어 봅시다.
불의 위력은 언제나 놀랍습니다.

준비물

- 큰 베이킹 트레이 또는 알루미늄 포일을 덮은 일반 트레이
- 사용하지 않은 똑같은 케이크 초 2개
- 셀로판테이프
- 바늘(가능한 한 긴 것)
- 성냥 또는 점화기

촛불이나 불을 이용해 실험할 때는 반드시 어른들의 도움을 받으세요!

게임 방법

1 양초 2개의 밑부분을 그림과 같이 붙이고 테이프로 단단히 고정합니다.

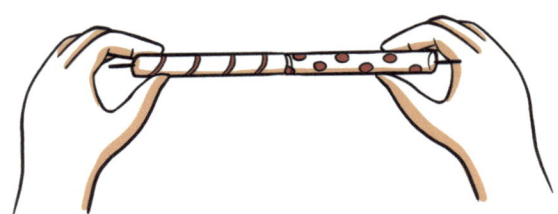

2 테이프 가운데를 바늘로 뚫습니다(어른들에게 도움을 요청하세요).

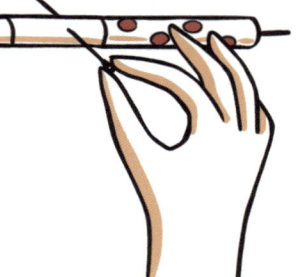

③ 트레이 중앙에 2개의 유리컵을 2.5cm 간격으로 떨어뜨려 놓고 그 사이에 바늘을 올려 균형을 잡습니다.

④ 양초에 불을 붙입니다(어른들에게 도움을 요청하세요). 첫 번째 초에 불을 붙인 뒤 몇 초 후에 두 번째 초에 불을 붙입니다. 만약 초가 한쪽으로 기울어져 있는 상태라면 아래쪽으로 기울어진 초에 먼저 불을 붙여야 합니다.

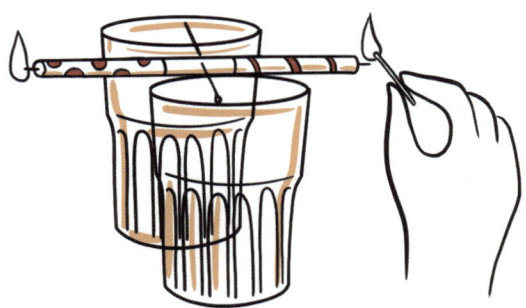

⑤ 지켜보면서 어떤 일이 발생하는지 관찰합니다.

게임 속 과학

만약 제대로 작동한다면 초는 시소처럼 움직이기 시작할 것입니다. 각각의 초가 타면서, 파라핀이 녹아 쟁반 위로 떨어집니다. 촛농이 떨어질 때마다 무게가 줄어들면 다른 초가 아래로 내려옵니다. 또, 촛농이 떨어져 무게가 다른 초보다 가벼워지면 다시 움직이지요.

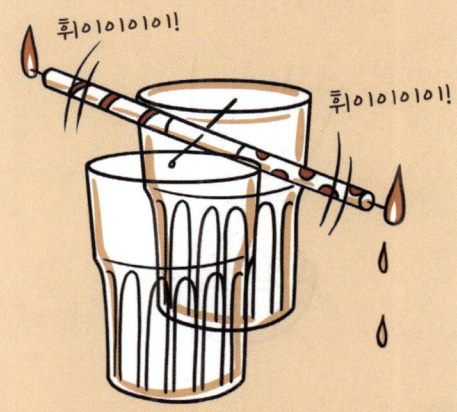

오르락내리락 움직이는 시소는 한 개의 초만으로는 불가능합니다. 이 실험은 초에 불이 붙어 파라핀이 녹으면서 한쪽이 다른 쪽보다 무게가 가벼워져야만 움직이기 때문입니다.

기억하세요!
초가 타는 것을 옆에서 반드시 지켜봐야 합니다. 촛불이 테이프를 태우기 전에 반드시 실험을 끝내도록 합니다.

⑧ 마법의 양배추주스

과학적 예측을 즐길 수 있는 게임을 시작합시다. 눈앞에서 보라색 양배추주스가 분홍색이나 파란색으로 변한다면 믿을 수 있겠어요?

게임 준비

① 양배추 잎을 잘게 찢어 그릇에 담습니다. 어른에게 요청해 양배추가 잠길 때까지 뜨거운 물을 따릅니다.

② 약 5분 동안 나무 숟가락으로 양배추를 으깹니다.

③ 으깬 양배추에서 물을 걸러 냅니다(뜨거우니 어른에게 도움을 요청하세요). 걸러진 물은 짙은 보라색일 것입니다. 흘릴 수 있으니 싱크대 안에서 하는 게 좋습니다.

준비물

- 적양배추 작은 것
- 커다란 그릇
- 나무 숟가락
- 체 또는 거름망
- 손잡이가 달린 큰 물병
- 흰색 또는 투명한 컵 10개 정도
- 검사할 물질 : 레몬주스, 식초, 베이킹 소다, 소금, 설탕, 우유, 탄산음료 또는 샴푸

> 혼자서(이 경우에도 물론 어른의 도움이 필요해요.) 또는 가족과 함께 하세요.

> 뜨거운 물을 이용할 때는 어른의 도움을 받습니다.

④ 준비한 작은 유리잔이나 그릇의 반이 되도록 양배추 용액을 채웁니다.

게임 방법

5 검사할 물질들을 각각의 양배추 용액에 넣습니다. 넣기 전에 검사 물질들을 넣으면 어떤 일이 생길지 예상해 봅시다.

6 검사할 물질이 레몬주스처럼 액체 상태라면 몇 방울 떨어뜨리면 됩니다. 반응이 없다면 몇 방울 더 추가로 떨어뜨리세요.

7 검사할 물질이 베이킹 소다, 설탕, 소금과 같은 고체 상태라면 물을 몇 숟갈 넣고 잘 저어 섞은 다음, 완성된 용액을 부으면 됩니다.

게임 속 과학

적양배추 용액은 자연에서 얻은 'pH 지표' 또는 '산염기 지시약'입니다. 화학적으로 서로 다른 종류의 용액-산성과 염기성-과 섞이면 색깔이 변합니다. 레몬즙이나 식초와 같은 산성에서는 핑크나 빨강으로 색깔이 바뀌고, 베이킹 소다와 같은 염기성에서는 파랑이나 초록으로 변하죠.

과학자들은 이런 지시약을 통해서 산성과 염기성을 구분할 수 있어요.

아무런 반응이 없는 물질도 있겠죠.

양배추주스를 분홍색으로 만드는 몇 개의 물질들을 확인하게 될 거예요.

다른 몇 개의 물질들은 양배추주스를 파란색이나 심지어 초록색으로 변하게 합니다.

8 더 많은 물질들을 시도해 보세요. 결과를 예측하는 데 점점 능숙해지고 있나요?

⑨ 부웅~ 헬리콥터 발사대

마분지 조각을 간단한 비행 장치로 바꿔 하늘을 향해 날려 보세요!
간단한 종이접기로 '양력'*을 만들 수 있습니다.

혼자서 하거나 참가자 각자 발사대를 만들어 날리며 시합해 보세요.

*양력 : 유체(기체 또는 액체) 속을 운동하는 물체에 운동 방향과 수직 방향으로 작용하는 힘. 비행기는 날개에서 생기는 이 힘에 의하여 공중을 날 수 있다.

준비물
- 얇은 마분지, 또는 시리얼 상자와 같은 종이 포장지
- 날카롭고 길이가 긴 연필 3자루
- 접착력이 강한 테이프
- 끝이 뾰족한 가위
- 자

게임 방법

1 얇은 마분지를 가로 5cm, 세로 10cm 가량의 직사각형 모양으로 자릅니다. 양쪽 모서리를 그림과 같이 접습니다.

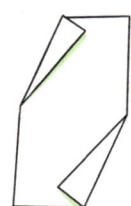

2 3개의 연필을 그림과 같은 모양으로 놓은 후, 테이프를 이용해 단단히 고정합니다.

3 2개의 연필 끝을 아까 잘라 둔 마분지 중앙에 눌러 2개의 점을 만듭니다. 표시된 곳에 가위 끝으로 작게 구멍을 내세요(필요하면 주변의 어른에게 도움을 요청합니다).

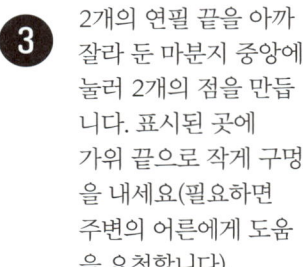

4 2개의 연필 끝이 위로 가도록 하고 그 위에 마분지를 올립니다. 마분지 구멍이 연필 끝으로 오도록 해 균형을 맞추면, 발사대 준비 끝!

5 아래쪽 연필을 양 손바닥 사이에 놓고 빠르게 굴려 발사대를 회전시킵니다.

헬리콥터가 제대로 날아가려면 반드시 한 방향으로만 연필을 돌려야 합니다

어느 쪽으로 회전시켜야 할까요?

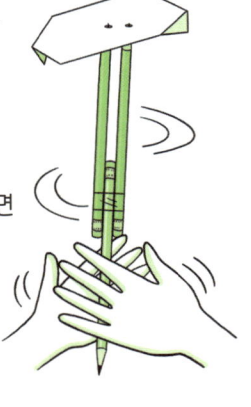

⑩ 돌아라, 미니 스피너!

1분 만에 뚝딱! 초간단 미니 스피너로 게임을 즐겨 볼까요?

게임 방법

준비물
- 종이
- 연필
- 작은 종이
- 클립
- 자
- 가위

1 가로 5cm, 세로 12cm 크기로 종이를 잘라 준비합니다.

2 연필과 자를 이용해 아래 그림과 같이 선을 그립니다.

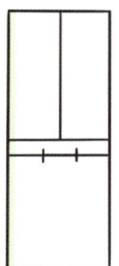

3 그림에서 점선으로 표시된 부분을 가위로 자릅니다.

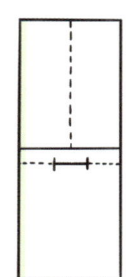

4 종이 아래쪽은 양쪽에서 포개어 접은 뒤, 위로 한 번 접어 종이 클립으로 고정합니다.

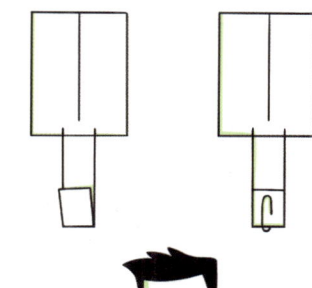

5 위쪽에 있는 두 개의 날개는 서로 반대 방향으로 접습니다.

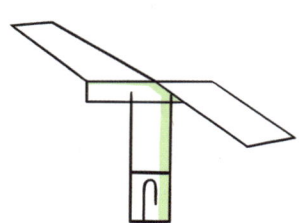

6 자, 날개를 빙글빙글 회전시키려면 어떻게 해야 할까요? 떨어뜨리기만 하면 됩니다!

⑪ 자석 퀴즈

자석에 어떤 물건들이 달라붙는지 알고 있나요?
자, 이제 맞혀 볼 시간이에요.

게임 방법

① 물건을 골라 한군데에 모아 두세요.

② 게임 참가자는 각각 종이에 2개의 목록 - '자석에 붙을 거라고 예상하는 것'과 '그렇지 않은 것' - 을 작성해야 합니다.

자석에 붙을 거라고 예상하는 것	그렇지 않은 것
동전	

③ 참가자 모두가 목록을 작성하면 물건에 자석을 가져다 대 보세요. 자석에는 어떤 것들이 달라붙나요? 얼마나 맞혔나요?

준비물

- 자석 1개
- 연필과 종이
- 자석 테스트를 거칠 집안의 여러 가지 물건들 :

  연필
  지우개
  동전
  종이 클립
  티스푼
  가위
  주사위
  실
  붓
  줄자
  구슬

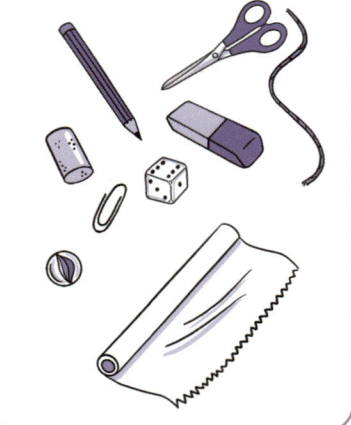

게임 속 과학

자석은 몇 가지 특정한 물질만 끌어당깁니다. 대부분은 철, 강철(대부분 철로 만들어진) 그리고 또 다른 금속인 코발트와 니켈입니다. 이렇게 자석에 잘 붙는 성질을 가진 물질들을 강자성체라고 부릅니다. 강자성체는 물질을 이루는 원자가 하나의 자석과 같아서, 자석을 가까이 가져다 대면 불규칙했던 배열이 일정한 방향으로 바뀌어 자석에 달라붙을 수 있습니다.
예를 들어, 강자성체인 니켈이 많이 들어 있는 동전은 자석에 달라붙지만, 반자성체인 구리로 만들어진 동전은 달라붙지 않습니다.

12. 뜨거나 가라앉거나

또다시 찾아온 예측 게임!
이번에는 물에 동동 뜨는 물건들을 찾아봅시다.

2명 이상 함께 하세요.

게임 방법

1 물에 떨어뜨릴 물건들을 모으세요. 각 참가자는 물에 뜰 것과 가라앉을 것을 예상해서 목록을 작성합니다.

2 모든 참가자가 준비되면 싱크대 안에 물을 채우거나, 편평한 바닥에 커다란 통을 놓고 주전자를 사용해 7cm 깊이 정도로 물을 채웁니다.

3 한 번에 한 개씩 각 물건을 조심스럽게 물속으로 떨어뜨립니다. 누구의 예상이 맞았나요?

4 가장 많이 맞힌 사람이 승리하는 게임입니다.

준비물

- 주방 싱크대 또는 커다란 플라스틱 통과 주전자
- 물
- 물에 떨어뜨릴 여러 가지 물건들 :
    지우개
    동전
    티스푼
    레고 블록
    구슬
    주사위
    나무 숟가락
    자갈

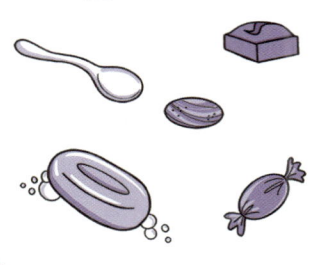

게임 속 과학

밀도는 일정한 면적에 물질이 빽빽하게 채워진 정도를 나타내는 말입니다. 물질의 부피가 같을 경우, 질량이 클수록 밀도가 높습니다. 밀도는 물질에 따라 다르며, 물의 밀도는 섭씨 4℃일 때 1g/㎤입니다. 물체는 물보다 밀도가 높으면 가라앉고, 낮으면 뜹니다. 예를 들어, 나무 주사위는 똑같은 부피의 물보다 가볍기 때문에 물 위에 뜹니다. 코르크처럼 가장 밀도가 낮은 물질은 수면 위로 떠오르고, 열쇠처럼 밀도가 큰 물질은 바닥까지 가라앉습니다!

13 침몰에서 살아남기

배를 만드는 데 얼마나 소질이 있나요? 마지막까지 가라앉지 않고 살아남을 배를 디자인하고 만들어 봅시다.

2명 이상 함께 하세요.

준비물

- 알루미늄 포일
- 가위
- 줄자 또는 자
- 싱크대나 욕조 또는 큰 플라스틱 대야
- 물
- 동전 여러 개, 구슬, 클립 또는 작고 묵직한 물건들

게임 방법

1 싱크대나 욕조를 사용하는 경우, 깊이 10cm 정도로 물을 채웁니다. 만약 플라스틱 대야를 사용하고 있다면, 욕실이나 부엌 바닥, 야외 등 물이 튀어도 상관없는 곳으로 가져가세요. 그런 다음 깊이가 10cm 정도 될 때까지 물을 채웁니다.

만약 욕조에서 게임을 진행한다면 안전 문제를 감독할 수 있는 어른이 있어야 합니다.

2 각 참가자는 같은 크기로 포일을 자르거나 떼어냅니다. 길이는 약 30cm 정도가 적당합니다.

③ 이제 배를 만듭시다. 각 참가자는 포일을 접어 물에 뜨는 작은 배를 만들어야 합니다. 가장 강하고 튼튼한 보트여야 합니다. 가라앉지 않고 가능한 한 많은 무게를 버틸 수 있는 것으로요.

④ 참가자 모두 배를 만들면, 물에 띄우세요.

⑤ 모든 참가자는 동전(또는 크기와 무게가 같은 다른 물건)을 나누어 가집니다. 셋을 센 뒤 각자의 배 위에 동전을 내려놓습니다.

게임 속 과학

배가 뜨기 위해서는 물보다 밀도(크기에 비해 무거운 정도)가 작아야 합니다. 포일은 물보다 밀도가 큰 금속이지만, 배 모양으로 만들면 그 안을 채운 공기 덕분에 밀도가 작아져 물 위에 뜰 수 있습니다.

⑥ 계속해서 배에 더 많은 동전을 실어 보세요. 다른 물건을 사용해도 좋지만, 게임의 공정성을 위해서는 모두 동일한 것으로 진행해야 합니다.

그러나 무게를 더하면, 배는 더 이상 뜰 수 없을 정도로 밀도가 커집니다. 마지막까지 배가 수평을 유지하고 가라앉지 않도록 무게를 분산시켜 보세요!

"물고기와 함께 헤엄이나 치지 그래?"

결국, 배는 가라앉기 시작할 것입니다.
마지막까지 떠 있는 최후의 승자는 누구일까요?

14 왔다 갔다, 진자 볼링 대회

열 개의 핀을 쓰러뜨리는 볼링을 해 봤다면, 한꺼번에 모든 핀을 쓰러뜨리는 일이 꽤 어렵다는 것을 알 겁니다. 그러나 공에 끈이 달려 있다면 얘기가 달라지죠.

2명 이상 함께 하세요.

준비물

- 끈
- 가위
- 문틀
- 테이프 또는 압정 또는 장구핀(푸시핀)
- 작은 공(탄성이 있는 고무공이나 테니스공)
- 볼링핀으로 사용할 6~10개의 원통형 종이 또는 플라스틱병

게임 방법

1 길이 2m 정도로 끈을 자릅니다. 한쪽 끝을 공 주위에 묶고 테이프를 이용해 끈을 공에 고정합니다.

2 어른의 도움을 받아 끈의 한쪽 끝을 문틀 한가운데에 붙입니다. 테이프로 붙이거나 (문틀에 구멍이 생기는 게 상관없으면) 압정이나 장구핀을 사용해도 좋습니다. 공은 바닥에서 10cm 정도 떨어뜨려야 합니다.

❸ 이제 공을 한쪽으로 치우고, 원통형 종이나 플라스틱병을 문지방 너머에 세웁니다. 한 줄로 세우거나 볼링핀을 세우듯 삼각형 모양으로 배치해 보세요.

❹ 먼저, 원통형 종이나 플라스틱병에서 공을 멀리 가져간 다음, 공을 놓거나 미는 방식으로 세워 놓은 핀을 맞힙니다. 볼링핀을 한 번에 넘어뜨리지 말고, 되돌아오는 공을 이용해 보세요. 공의 움직임을 여러 방향으로 예측하고 모든 볼링핀을 쓰러뜨리는 방법을 연구해 보세요.

❺ 모든 볼링핀을 쓰러뜨리는 데 실패했다면 다시 시도해 보세요. 몇 번 만에 성공했나요?

❻ 참가자들은 각자 다시 볼링핀을 세우고 경기를 시작합니다. 가장 적은 횟수로 볼링핀을 모두 쓰러뜨린 사람이 최종 우승자입니다!

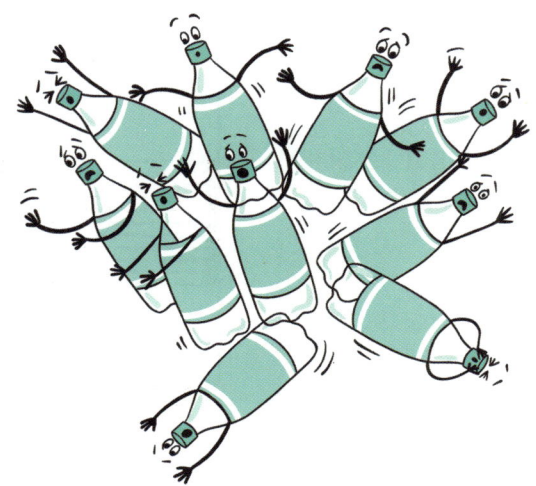

게임 속 과학

끈에 매달린 공을 '진자'라고 합니다. 진자는 똑바로 밀면 앞뒤로 움직입니다. 그러나 사선으로 밀면 타원형으로 움직여서 더 많은 볼링핀을 쓰러뜨릴 수 있어요!

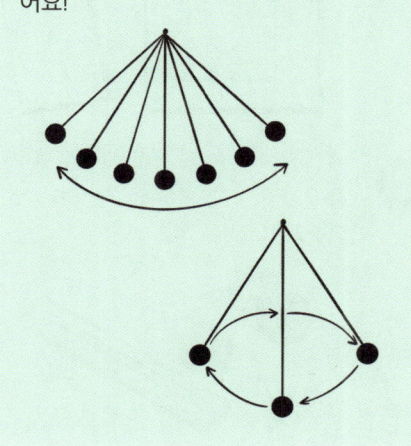

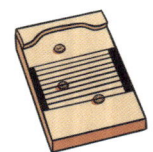

⑮ 선 밟으면 아웃~ 동전 치기

나만의 보드게임을 만들고, 8세기 유행하던 영국의 전통 동전 게임
'쇼브 하페니Shove Ha'penny'를 즐겨 봅시다!

준비물

- 두꺼운 판지(양면 골판지)
- 같은 크기, 같은 종류의 동전 5개
- 자
- 마커펜
- 가위

게임 방법

2명 이상 또는 팀을 나눠 경기하세요.

① 두꺼운 판지 위에 길이 50cm, 폭 13cm 인 직사각형을 그리고 조심스럽게 자르세요(판지가 크지 않다면 조금 작게 만들어도 좋습니다. 필요한 경우, 판지를 자를 때 어른에게 도움을 요청하세요).

② 게임에 사용할 동전의 지름을 측정합니다. 측정한 값을 기록하고, 거기에 6mm를 더하세요.

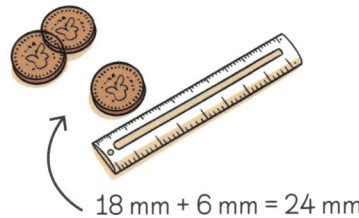

18 mm + 6 mm = 24 mm

③ 잘라 둔 보드 가운데에 10개의 선을 그립니다. 각 선의 폭은 방법 2에서 계산한 값입니다. 만약 계산한 값이 25mm이면 25mm 간격을 두고 선을 그리세요.

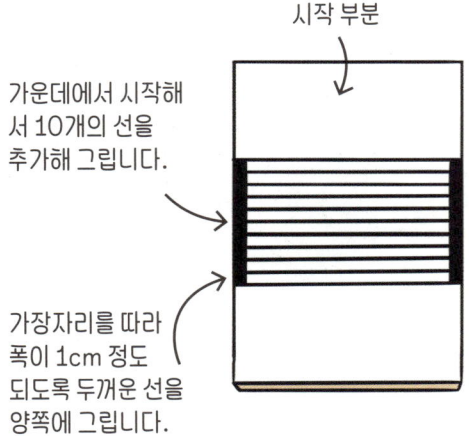

시작 부분

가운데에서 시작해서 10개의 선을 추가해 그립니다.

가장자리를 따라 폭이 1cm 정도 되도록 두꺼운 선을 양쪽에 그립니다.

④ 5개의 동전을 보드의 시작 부분에 놓습니다.

⑤ 한 번에 하나씩 손가락으로 동전을 밀거나 튕겨서 선 위로 미끄러지도록 합니다.

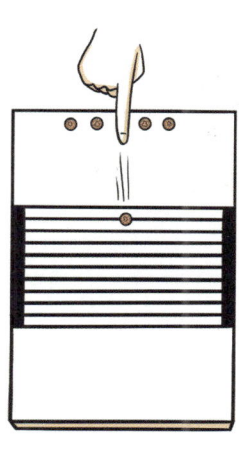

⑥ 선을 건드리지 않고 선 사이의 공간에 동전을 넣어 보세요. 동전이 선 위에 있으면 다음 동전으로 조준해 동전을 간격 사이에 밀어 넣습니다.

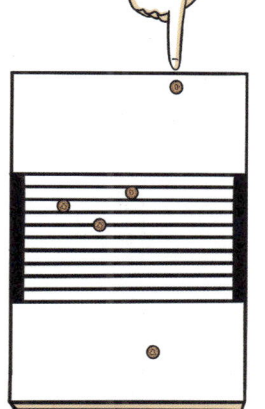

⑦ 만약 동전이 마지막 줄을 넘어가면 아웃입니다.

⑧ 5개의 동전을 모두 튕긴 후, 줄 사이의 공간에 몇 개가 있는지 세고 점수를 기록합니다.

⑨ 참가자 모두 똑같은 방법으로 게임을 진행한 후, 최종 점수를 비교해 우승자를 가립니다.

게임 속 과학

동전 치기는 '마찰력'을 이용한 게임입니다. 마찰은 물체의 운동을 방해하는 힘으로, 움직이는 물체의 속력을 늦추거나 멈추게 합니다. 동전이 판지 위로 미끄러질 때도 마찰력이 작용합니다. 마찰로 인해 속력이 느려지고 결국 멈추죠. 정확한 위치에서 동전을 멈추게 하려면 정확한 양의 힘을 사용해서 동전을 튕겨야 합니다.

⑯ 팅기고 팅겨! 구슬치기

구슬을 팅겨 다른 구슬을 원하는 방향으로 보낼 수 있나요?

2명이 하는 게임입니다.

게임 방법

1 편평한 표면에 종이나 얇은 판지를 놓습니다.

2 두꺼운 판지를 이용해 길이 15cm, 폭 5cm 정도의 띠 5개를 만듭니다.

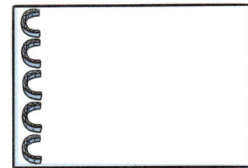

3 방법 2에서 만든 띠를 U자 모양으로 구부린 다음, 테이프를 이용해 5개를 이어 붙입니다.

준비물

- 게임 장소 : 식탁처럼 편평하고 매끄러운 표면
- 매끄러운 종이나 크고 얇은 판지
- 택배 상자와 같은 두꺼운 판지
- 자
- 가위
- 줄자
- 펜 또는 연필
- 구슬 2개 이상

4 이제 종이에 작은 원 2개를 그립니다. 하나는 가운데에, 다른 하나는 시작 부분에 그립니다.

각 원에 구슬을 하나씩 놓습니다.

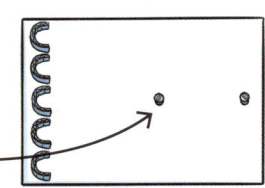

5 자기 차례가 되면, 다른 참가자는 5개의 목표 중 1개를 선택합니다. 순서에 따라 시작 부분의 구슬을 팅깁니다. 중간에 위치한 구슬이 상대편이 지목한 목표에 가도록 조준하세요.

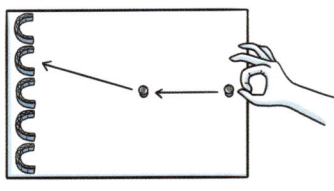

누가 가장 높은 점수를 얻을 수 있는지, 번갈아 가며 도전해 보세요.

게임 속 과학

처음에 팅긴 구슬이 중간 구슬의 어느 부분에 부딪히느냐에 따라 중간 구슬의 방향이 달라집니다. 만약 첫 번째 구슬이 중간 구슬의 왼쪽을 친다면, 중간 구슬은 그 반대편으로 움직입니다.

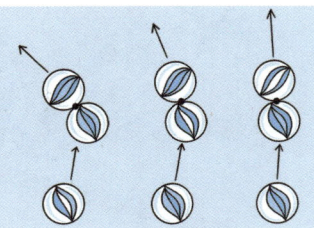

원하는 방향으로 구슬을 보내려면 많은 연습이 필요합니다. 계속 연습하세요!

⑰ 티들리윙크스

'윙크'라 불리는 작은 원반을 팅겨 컵 속으로 골~~~인! 무엇으로?
조금 더 큰 원반 '스퀴저'만 있으면 충분합니다.

준비물

- 매끈하고 편평한 표면
- 골대로 사용할 작은 그릇 또는 냄비
- 플라스틱 게임 원형 칩 또는 평평한 플라스틱 단추

2명 또는 그 이상 함께 하세요.

게임 방법

1 '스퀴저'라 불리는 큰 원반으로 작은 원반 '윙크'의 가장자리를 눌러 공중에서 뒤집기만 하면 됩니다.

2 일단 익숙해지면, 각 참가자가 원반을 몇 개나 골대에 넣을 수 있는지 확인해 봅시다!

게임 속 과학

'티들리윙크(작은 원반)' 가장자리에 압력을 가하면 원반이 눌렸다가 다시 튀어 올라 점프할 거예요!

18 슛! 자석으로 달리는 축구

자석 축구에서 기술을 갈고 닦을 차례입니다. 만들기 쉬운 건 덤이죠!

2명이 하는 게임입니다.

게임 방법

1 택배 상자를 준비하세요. 덮개나 틈이 없는 모서리에서 5cm 정도 떨어진 곳에 선을 둘러 그립니다.

2 선을 따라 조심스럽게 자릅니다. 느슨한 부분은 셀로판테이프를 이용해 단단히 고정합니다. 게임에서 축구장으로 사용되므로, 필요에 따라 다음과 같은 선을 그려 축구 경기장을 표시할 수 있습니다.

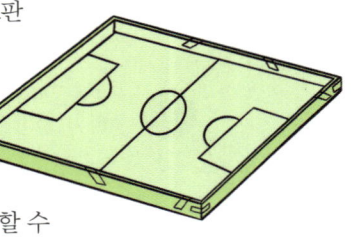

3 남은 골판지를 이용해 지름 4cm 정도의 원 6개를 준비합니다. 원 3개를 겹친 뒤 풀로 고정해 플레이어를 만듭니다. 마커펜으로 한 플레이어는 빨간색, 다른 플레이어는 파란색으로 칠합니다.

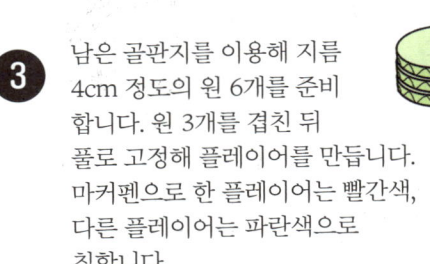

준비물

- 택배 상자
- 식품 포장 팩과 같은 작은 종이 상자
- 마커펜(검정, 빨강, 파랑)
- 가위
- 셀로판테이프
- 자 2개
- 풀
- 강력한 원형 자석 4개
- 구슬

4 각 플레이어 아래에 하나의 자석을 붙이고, 2개의 자 각각 끝에도 자석을 붙입니다. 이때 자의 자석과 플레이어의 자석 사이에 당기는 힘이 작용하는지 확인합니다. 그렇지 않을 경우, 한쪽의 자석을 뒤집어야 합니다.

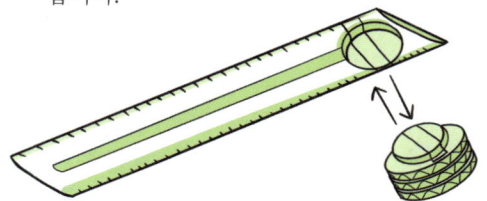

5 작은 판지 상자를 반으로 자르고 반을 사용해 두 개의 골대를 만듭니다. 경기장의 서로 반대편에 붙이면 됩니다.

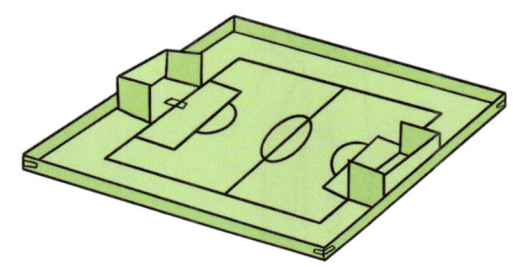

6 어른의 도움을 받아 각 골대 뒤쪽에 자가 충분히 들어갈 만큼 큰 구멍을 뚫습니다.

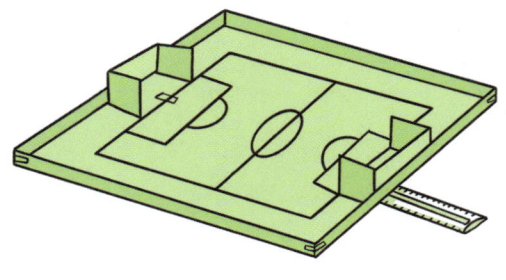

7 이제 각 참가자는 3에서 만든 플레이어를 하나씩 선택한 다음, 자를 이용해 축구장 아래에서 플레이어를 조종합니다. 중간에 구슬(볼)을 놓고 플레이어를 조종해 상대방의 골대에 골을 넣으세요(물론 방어도 중요한 전략입니다)!

게임 속 과학

자석은 마술처럼 보이지만 그렇지 않습니다. 세상의 모든 물질은 아주 작은 인력(당기는 힘)을 가진 원자들로 구성되어 있습니다. 그러나 대부분의 물질에서는 인력이 서로 다른 방향을 향하고 있어서 힘이 상쇄되지만, 자석에서는 모두 같은 방향을 향하고 있습니다. 덕분에 자석은 다른 자석이나 일부 금속들을 끌어당기는 힘을 갖게 됩니다.

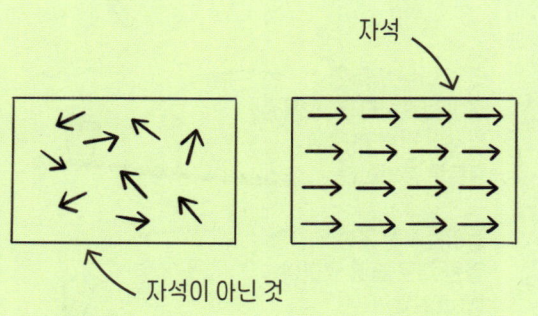

자석

자석이 아닌 것

19 아슬아슬 구슬 옮기기

흔들흔들, 아슬아슬…… 위기를 극복하고
구슬을 잘 전달할 수 있을까요?

2명이 하는 게임이지만,
대결보다는 힘을
모아야 합니다.

준비물

- 화분에 사용하는 대나무 기둥과 같은 길고 얇은 막대
  (대략 1m 정도가 적당합니다.)
- 작은 플라스틱 컵이나 용기
- 접착력이 강한 테이프
- 구슬 여러 개

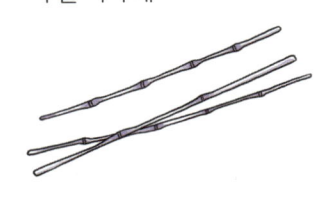

게임 방법

1 접착력이 강한 테이프를 이용해 나무 막대의 한쪽 끝에 플라스틱 용기를 고정합니다.

나무 막대의 끝부분과 플라스틱 용기의 옆이나 아랫부분을 1차로 고정하고, 더 많은 테이프를 이용해 주변을 감싸 고정하는 게 가장 쉬운 방법입니다.

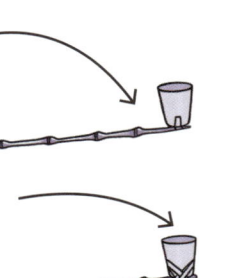

2 남은 나무 막대와 플라스틱 용기를 같은 방법으로 고정해 완성한 후, 각 참가자가 나누어 갖습니다.

만약 나무 막대의 끝이 뾰족하다면, 뾰족한 부분이 컵의 아래에 오도록 붙입니다.

플라스틱 용기는 뚜껑이 열린 채로 비어 있어야 합니다.

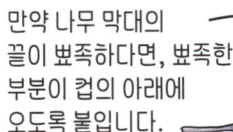

너무 아슬아슬해~

③ 게임의 목표는 막대기만을 이용해서 구슬을 전달하는 것입니다. 간단해 보이지만 생각보다 어렵다는 걸 명심하세요!

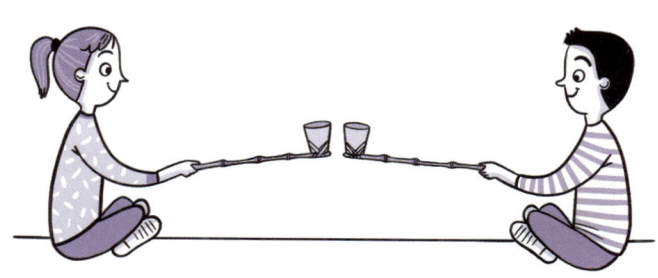

④ 막대기가 서로 닿도록 마주 보세요.

⑤ 참가자는 구슬을 플라스틱 용기에 넣은 뒤 또 다른 참가자의 플라스틱 용기에 떨어뜨립니다. 성공하기 위해서는 구슬을 주는 사람과 받는 사람 모두 흔들리지 않고 안정적으로 손을 움직여야 합니다.

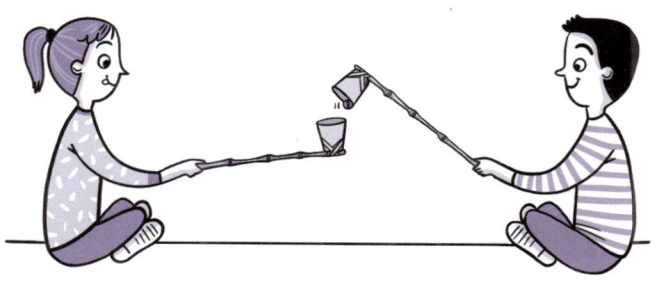

게임 속 과학

누워서 떡 먹기보다 쉬워 보이는 간단한 규칙인데, 왜 이렇게 어려울까요? 바로 손에 쥔 막대기가 지렛대로 작용하기 때문입니다. 때문에 나무 막대의 위치를 바꾸려고 손을 조금만 움직여도 막대 끝은 생각보다 훨씬 많이 움직입니다. 나무 막대 끝의 움직임을 조절하거나 움직이지 않도록 유지하기 어려운 이유죠.
참가자 모두 조절하기 어려운 나무 막대를 가지고 있으니 구슬을 전달하기 어렵겠지만, 불가능한 건 아닙니다! 연습만이 살길! 충분히 연습한 뒤에 다시 도전해 보세요.

20 도전! 나만의 씨앗 만들기

씨앗이 바람에 날아가는 데 필요한 것은 무엇일까요? 직접 디자인해서 알아 보세요.

2명 이상이 하는 게임입니다. 인원이 많으면 팀을 나눠 도전하세요.

바람을 타고 날아라

어떤 씨앗들은 바람을 타고 날아갑니다. 덕분에 부모 식물로부터 멀리 떨어져 새로운 곳으로 이동할 수 있으며, 자손을 퍼뜨릴 수 있지요. 우리는 씨앗에서, 바람을 타고 날아가는 데 도움이 될 만한 날개 모양이나 솜털 같은 기관들을 찾아볼 수 있습니다. 다음은 바람을 타고 날아가는 씨앗들의 모습입니다.

 민들레

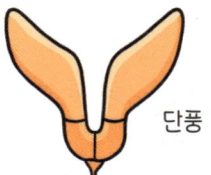 단풍

 버마옻나무

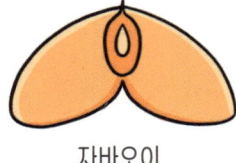 자바오이

 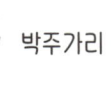 박주가리

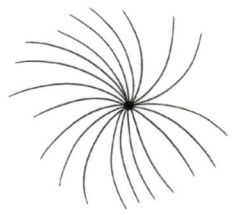 황새풀

준비물

- 아주 작은 나무 또는 플라스틱 단추나 구슬(씨앗으로 사용할 것으로, 모두 같은 크기와 모양이어야 합니다.)
- 얇고 폭신한 재료(천, 랩, 휴지, 깃털 등)
- 재봉실
- 가위
- 접착제
- 선풍기 또는 헤어드라이어

선풍기나 헤어드라이어를 사용할 수 있도록 어른들에게 도움을 청하세요.

게임 방법

1. 참가자 모두에게 각각 5개의 구슬이나 단추 '씨앗'을 줍니다. 참가자 각자는 푹신한 낙하산, 날개, 또는 씨앗이 바람을 타고 날아가는 데 필요하다고 생각하는 모든 재료를 선택합니다.

2. 씨앗 만들기가 끝나고 접착제가 마르면 씨앗을 날려 보세요!

3. 주변의 어른에게 요청해 선풍기나 헤어드라이어의 찬 바람을 이용해 씨앗을 날려 봅니다. 번갈아 가며 씨앗을 바람에 날리고, 얼마나 멀리 가는지 확인합니다.

다양한 디자인의 씨앗을 만들어 보세요.

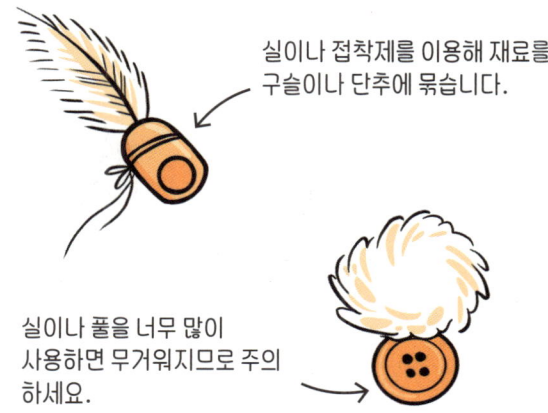

실이나 접착제를 이용해 재료를 구슬이나 단추에 묶습니다.

실이나 풀을 너무 많이 사용하면 무거워지므로 주의하세요.

누구의 씨앗이 가장 멀리 날아갔나요?

게임 속 과학

휘이이이이이이!

씨앗이 바람을 타고 멀리 날아가려면 크고 가벼워야 합니다. 솜털이 많은 부분이나 얇고 납작한 날개는 표면적을 넓혀 줍니다. 더 많은 바람에 닿고 들어 올려지는 힘(공기 저항)이 세져 씨앗이 땅에 닿기 전에 더 멀리 날아갈 수 있도록 합니다.

21 종이 호버크라프트 만들기

종이로 간단한 호버크라프트를 만들고 바람을 불어 날려 보세요!

2명 이상 함께 하세요.

준비물
- 크라프트지 또는 복사 용지
- 가위
- 매끄러운 바닥 또는 테이블

게임 방법

1 각 참가자는 경기를 위해 호버크라프트를 만들어야 합니다. 종이가 정사각형이 아니라면 한쪽 모서리를 접은 다음 끝을 잘라 정사각형을 만듭니다.

 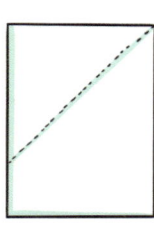 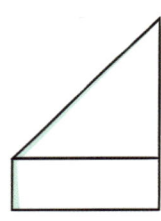 

2 정사각형 종이를 대각선으로 접어 삼각형을 만듭니다.

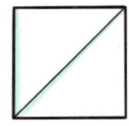 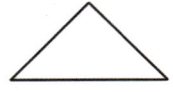

3 방법 2에서 만든 삼각형을 다시 한번 반으로 접어 더 작은 삼각형을 만든 뒤, 다시 펼칩니다.

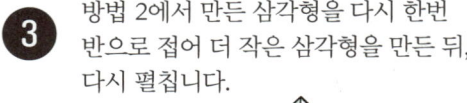

 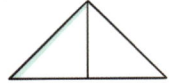

4 가운데 접힌 선을 기준으로 양쪽을 접어 가운데가 맞도록 연 모양을 만듭니다.

 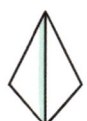

5 방법 4에서 만든 덮개를 다시 바깥쪽으로 접고 뒤집으면 호버크라프트 완성!

6 호버크라프트를 일렬로 세워 경기를 준비합니다. 각 참가자는 자신의 호버크라프트 뒤에 섭니다.

이렇게도 해보세요!
빨대나 원통형 종이를 이용해 호버크라프트에 바람을 불어보세요. 더 빨리 또는 더 멀리 가나요?

7 셋을 세면 호버크라프트 뒤쪽에 바람을 불어 보냅니다. 쌩~ 하고 날아가도록 말이죠. 가장 멀리 가는 사람이 승자입니다!

게임 속 과학

실제 호버크라프트는 프로펠러를 돌려 공기를 선체 밑면이나 스커트* 쪽으로 내려보냅니다. 공기가 선체 가장자리 주위로 밀려 내려오면 그 힘으로 배가 뜨면서 물이나 땅 위를 활공할 수 있습니다.

종이 호버크라프트는 더 간단하지만 비슷한 방법으로 움직입니다. 호버크라프트를 향해 바람을 불면 안쪽에 기압이 올라가고, 공기가 빠져나오기 위해 호버크라프트 가장자리 아래로 밀려 내려오면서 선체를 살짝 들어 올립니다. 속력을 늦추는 마찰력이 없다면 더 멀리까지 질주할 수 있습니다!

* 스커트 : 에어 커튼이라고도 함. 선체 하부로 보내진 공기를 모아 물에 뜨게 하는 부분.

22. 넘칠 듯 넘치지 않는 표면장력 동전

2명 이상 할 수 있어요.

동전 위에 물을 몇 방울 떨어뜨릴 수 있을까요? 분명한 사실은 생각보다 훨씬 많이 떨어뜨릴 수 있다는 거예요.

게임 방법

① 참가자들은 각자 앞에 접시를 놓고, 동전을 올려 둡니다.

② 모든 참가자는 빨대나 붓을 컵이나 그릇에 담가 적신 후 물 한 방울을 동전 위에 떨어뜨립니다.

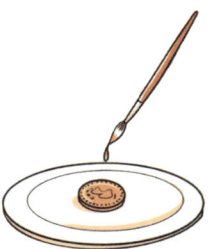

③ 공간이 여유로워 처음에는 쉽지만, 곧 동전이 물로 뒤덮이고 봉긋하게 부풀어 오르기 시작합니다.

④ 동전 위를 아슬아슬하게 덮었던 물이 넘쳐흐르기 전까지 얼마나 많은 물방울을 떨어뜨릴 수 있나요? 동전에 가장 많은 물방울을 떨어뜨린 사람은 누구입니까?

준비물

- 동전 1개(참가자마다 1개씩, 종류와 크기가 모두 같은 것)
- 쏟아진 물을 받칠 수 있는 접시(참가자마다 1개씩)
- 빨대 또는 작은 붓
- 1병 또는 1컵의 물

게임 속 과학

물에는 표면장력이라는 힘이 있어 넘치지 않고 봉긋한 돔 모양을 유지합니다.

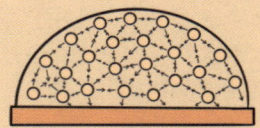

물 안의 모든 분자는 서로 잡아당기는 힘을 가지고 있습니다. 안쪽에 위치한 물은 모든 방향으로 당겨지지만, 표면에 있는 물 분자들은 양옆과 안쪽으로만 당겨집니다. 덕분에 표면에 있는 분자들이 서로 더 가까워지고, 껍데기처럼 나머지 물을 감싸는 형태를 유지합니다. 표면장력이 셀수록 물방울은 퍼지지 않고 봉긋해집니다.

23. 물고기 경주

2명 또는 그 이상 가능합니다.

물고기 경주를 해 볼까요?
빠르게 질주하는 신기한 물고기들을 만나 보세요!

게임 방법

1 쟁반을 바닥이나 탁자 위에 올려 둡니다. 깊이가 1cm 정도 되도록 물을 채웁니다.

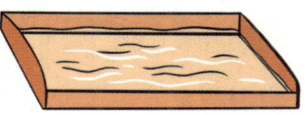

2 각 참가자는 종이나 판지에 물고기 모양을 그린 뒤 오려 준비합니다. 꼬리지느러미 가운데를 V자 모양으로 잘라 냅니다.

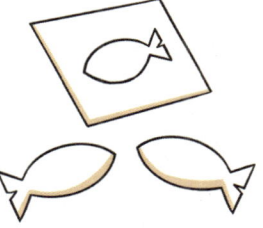

3 물고기를 물 위에 조심스럽게 띄우고, 쟁반 한쪽에 일렬로 준비시킵니다.

4 작은 접시에 비누나 샴푸 한 방울을 떨어뜨리고, 성냥개비나 젓가락을 그 안에 담가 묻힙니다. 물고기 꼬리지느러미의 갈라진 부분에 가져다 대 보세요.

누구의 물고기가 더 빨리 헤엄치나요?

준비물

- 두꺼운 종이나 얇은 골판지
- 크고 얇은 쟁반 또는 오븐 트레이
- 물비누 또는 샴푸
- 참가자마다 젓가락 또는 성냥개비 1개
- 물 주전자
- 작은 접시
- 연필과 가위

게임 속 과학

무슨 일이 일어났나요? 표면장력 때문에 수면의 물 분자들은 모두 서로 끌어당깁니다. 그러나 꼬리지느러미 쪽에 묻힌 비누는 표면장력을 깨뜨리고 없애죠. 하지만 여전히 물고기 앞쪽 수면에는 표면장력이 존재하기 때문에 끌어당기는 힘이 있어 물고기들이 앞으로 움직이는 것입니다.

24 우주복 입고 임무를······

우주인은 우주에서 유영할 때 헬멧과 장갑을 착용하고 여러 겹의 두꺼운 우주복을 입어야 합니다. 생명을 지키기 위한 매우 중요한 장비지만, 우주선을 고치는 것과 같은 까다로운 작업을 어렵게 만드는 원인도 됩니다.

2명 이상 하는 게임입니다.

준비물

- 머리 크기의 택배 상자
- 가위
- 셀로판테이프
- 울 모자 또는 발라클라바*
- 장갑 3켤레
- 초시계
- 우주 작업을 위한 아이템 :

  3개의 다른 동전이 들어 있는 나사형 뚜껑이 달린 병이나 용기

  플라스틱이나 나무 블록

  바늘과 실

* 발라클라바 : 머리와 얼굴을 완전히 덮은 채 눈만 보이게 만들어진 방한용 모자.

그리고 이 조각은 여기로 가야 할 것 같아요!

1. 나만의 우주 헬멧을 만들기 위해서, 밖을 볼 수 있도록 택배 상자의 한쪽 면에 구멍을 만들어 자릅니다(구멍이 머리 위로 가지 않도록 주의하세요!).

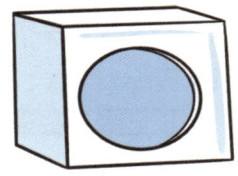

2 각 참가자는 모자나 발라클라바, 헬멧, 장갑 3켤레를 겹겹이 착용한 뒤 다음의 3가지 임무를 완수해야 합니다.

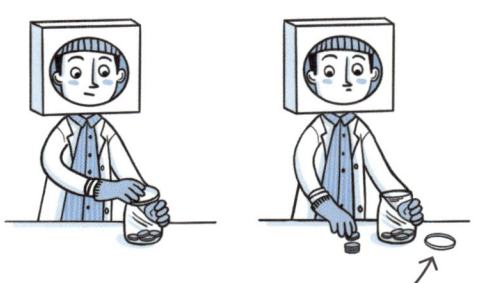

병뚜껑을 돌려서 열고 동전을 꺼내 작은 것부터 큰 것까지 순서대로 정렬합니다.

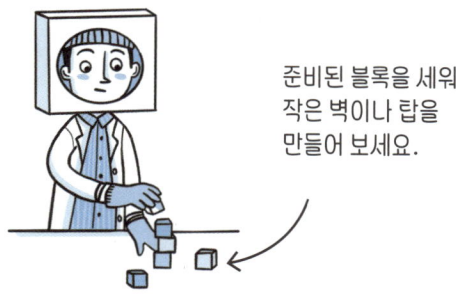

준비된 블록을 세워 작은 벽이나 탑을 만들어 보세요.

바늘에 실을 꿰니다.

3 각 참가자가 임무를 완수하는 데 걸리는 시간을 측정하세요. 누가 가장 짧은 시간에 임무를 완수했나요?

게임 속 과학

왜 이렇게 어려울까요? 우리는 크게 의식하지 않지만, 우리가 손가락으로 물건을 잡고 움직임을 조절할 때 우리 몸은 지속적으로 촉각의 도움을 받습니다. 장갑을 여러 겹 낀 손은 촉각이 둔해지고, 까다롭고 성가신 임무를 수행하기가 매우 어렵습니다.

우리의 손가락은 감촉을 느끼고 조절하는 수천 개의 촉각 신경을 가지고 있습니다.

우리는 대부분 까다로운 작업을 수행할 때 시각에도 의존합니다. 따라서 시야를 방해하는 커다란 헬멧은 작업에 전혀 도움이 되지 않습니다.

이렇게도 해보세요! 임무가 꼭 정해진 건 아니에요. 음식 꾸러미를 뜯거나 신발 끈을 묶거나, 메시지를 쓰는 건 어떤가요? 다른 적당한 임무를 생각해 보세요.

3장

도전 정신을 키워 주는 게임

25 종이 튜브를 세워라!

이 놀라운 속임수에 도전해 볼까요?
약간의 기술만 있으면 얼마든지 해낼 수 있답니다.

혼자서 하거나 여러 명이 할 수도 있습니다.

준비물
- 종이 튜브(원통형 종이)
- 책상 또는 식탁 같은 단단하고 편평한 표면

게임 방법

1 종이 튜브를 잡고 있다 약 30cm 아래 테이블에 가만히 떨어뜨리기만 하면 됩니다. 튜브가 똑바로 서도록 하는 게 목표입니다.

2 10번의 시도 중 몇 번이나 성공하는지, 또는 친구와 함께 겨루어 보세요.

3 이 시도에는 요령이 있습니다. 먼저 튜브를 수평으로 잡는 것부터 시작하세요.

4 튜브를 살짝 기울입니다.

5 떨어뜨릴 때 튜브의 옆면이 바닥에 튕기면서 똑바로 서게 해 보세요.

짜잔!

게임 속 과학

종이 튜브는 약간 탄력이 있고 통통 튕깁니다. 만약 종이 튜브를 떨어뜨렸을 때 밑면이 바닥에 닿으면 반드시 다시 튀어 오르고 대부분 쓰러집니다. 그러나 종이 튜브의 옆면이 먼저 닿으면 튕겨 오르면서 튜브가 똑바로 설 수 있습니다.

26 컵으로 쏙! 동전 마법

종이 위 동전을 유리컵에 빠뜨릴 수 있나요?
물론입니다. 속도가 아주 빠르면 가능해요!

준비물

- 게임용 카드, 엽서 또는 작은 판지 조각
- 동전
- 작은 유리컵

게임 방법

1 유리 위에 카드를 올려서 입구를 막고, 그 한가운데에 동전을 올려 둡니다.

2 우리의 도전 과제는 동전이 유리컵 안으로 떨어지도록 카드를 튕겨내는 것입니다. 카드를 집어 올리거나 구부릴 수 없습니다. 그냥 튕기세요.

3 비법은 카드를 최대한 세게 튕기면서 위아래가 아닌 옆으로 움직이도록 하는 것입니다. 아마 카드 위에 놓였던 동전은 움직이지 않은 채 카드만 날아갈 거예요.

4 일단 도전에 성공했다면, 첫 번째 동전 위에 더 많은 동전을 올려 보세요. 몇 개까지 성공했나요?

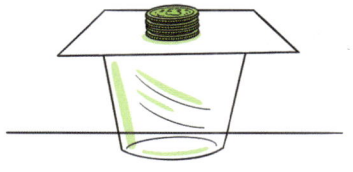

> 혼자서 하거나, 친구와 대결할 수 있어요.

게임 속 과학

이 도전 과제는 마찰과 관성에 관한 것입니다. 동전의 관성은 동전이 정지 상태를 계속 유지하도록 합니다. 그러나 카드가 천천히 움직이면 관성보다 마찰이 커서 동전도 함께 움직이게 되죠. 반면 카드가 빠르게 움직이면 마찰보다 관성이 더 커 동전은 움직이지 않고 그대로 유리컵으로 떨어집니다.

27 카드로 만든 집

'카드로 만든 집'은 게임용 카드로 만든 탑이나 구조물입니다. 풀이나 테이프를 사용하지 않고 말이죠! 얼마나 높이 만들 수 있나요?

준비물

- 게임용 카드 1팩 이상
- 편평한 표면(테이블이나 책상을 사용할 수 있지만, 일부 사람들은 카펫이 카드를 지탱하는 데 도움이 된다고 생각합니다.)

혼자서 하거나 다른 사람과 경쟁하며 할 수 있어요.

게임 방법

1 카드를 서로 기대 탑을 쌓고, 그 위에 또다른 카드를 올린 다음, 더 높이 쌓아 올립니다. 이것이 가장 보편적인 방법입니다.

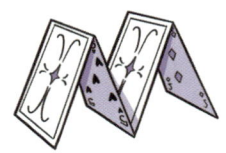

2 계속해서 카드를 쌓습니다. 탑이 무너지기 전까지 얼마나 높이 만들 수 있나요?

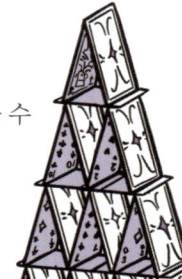

가장 긴 면을 아래에 배치하면 어렵나요, 쉽나요?

으아악!

게임 속 과학

카드끼리 서로 붙이지 않았으므로 카드는 오로지 중력과 마찰에 의해서만 고정됩니다. 카드가 서로 닿는 곳에서 생긴 마찰이 미끄러지지 않도록 지탱해 주죠. 그러나 견고하지 않으므로 매우 신중하게 균형을 맞춰야 합니다. 어느 시점에서 카드의 무게를 견디지 못하면 중력은 '카드의 집' 전체를 아래로 끌어당길 것입니다.

28 컵으로 쌓은 탑

이번에는 컵을 이용한 조금 더 쉬운 과제에 도전해 봅시다. 스스로 도전하거나 친구, 가족과 경쟁해 보세요!

> 혼자서 하거나 친구나 가족과 함께 할 수도 있어요.

게임 방법

1 컵이 많다면 피라미드 모양의 탑을 세워서 최대한 높게 만들어 보세요.

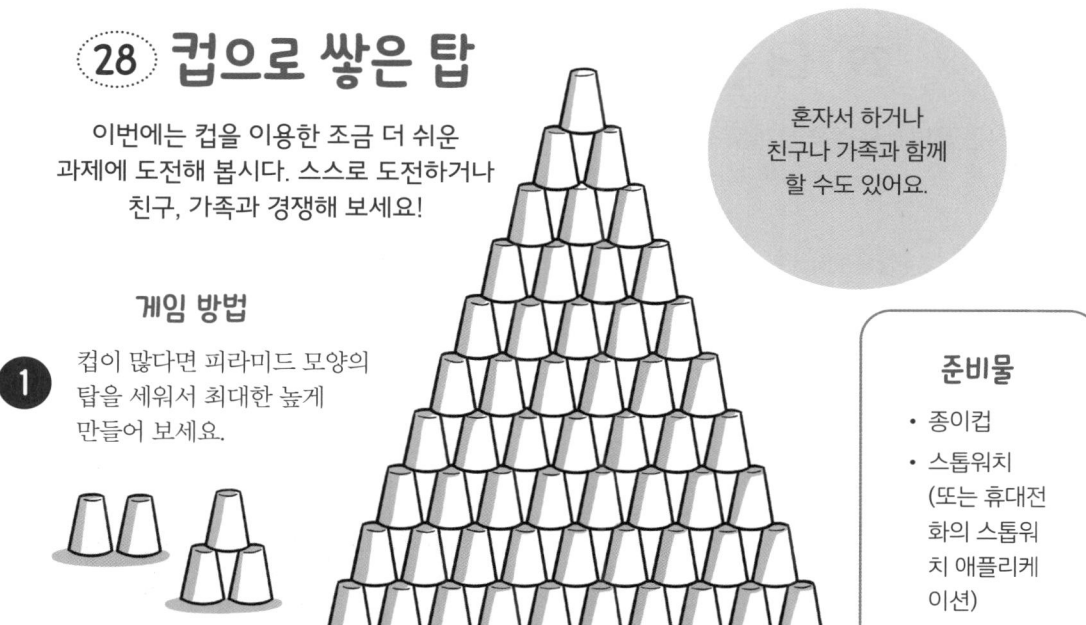

준비물
- 종이컵
- 스톱워치 (또는 휴대전화의 스톱워치 애플리케이션)

2 컵이 충분하지 않다면, 작은 피라미드를 만들어 누가 빨리 쌓는지 경쟁해 보세요.

3 또는 다른 방법으로 탑을 쌓아 보세요. 얼마나 높이 쌓을 수 있습니까?

> 이렇게도 해보세요! 다른 방법으로 탑을 쌓아 보세요. 이건 어때요?

29 더 튼튼하게! 종이 다리 만들기

다리는 무너지지 않고 무게를 견딜 수 있어야 하므로 다리를 설계하는 일은 매우 중요합니다.
종이로 무너지지 않는 다리 만들기에 도전해 볼까요?

게임 방법

① 2개의 의자 또는 테이블을 30cm 정도 거리를 두고 놓아 다리 사이의 간격을 만듭니다.

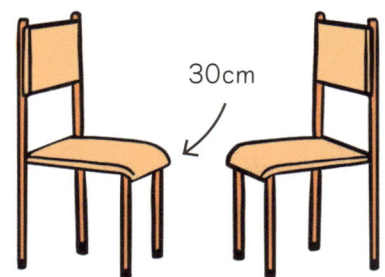

참가자 수와 관계없이 '나만의 다리'를 세우거나 팀으로 작업해 볼 수 있어요.

준비물

- 종이(폐지, 신문, 사용했던 포장지도 가능)
- 같은 높이의 의자 또는 테이블 2개
- 개봉하지 않은 식품 캔
- 가위
- 셀로판테이프
- 끈
- 다리를 만드는 데 필요한 재료 : 종이 빨대, 아이스크림 막대, 철심 등

② 이제 다리를 건설할 방법을 생각하세요. 의자나 테이블 사이를 가로질러야 하며, 다리는 양쪽 끝 면만 닿아야 합니다(사이의 바닥이 아님). 완성된 다리는 준비한 식품 캔을 올려놔도 다리가 끊어지거나 캔이 쓰러지지 않고 버틸 수 있을 만큼 강해야 합니다.

필요하면 먼저 아이디어를 스케치해 보세요.

몇 가지 팁을 알려드릴까요?

종이를 튜브 모양으로 말면 훨씬 더 강해집니다.

인터넷 등을 통해 유명한 다리 사진을 참고해 보세요.

종이를 지그재그로 접는 것도 마찬가지입니다.

다음에 외출할 때 실제 다리를 잘 관찰해 보세요!

종이가 얇으면 여러 겹을 겹쳐 충분한 두께로 만들어 사용하세요.

3 준비가 되면, 다리를 만들고, 그 위에 식품 캔을 올리는 것으로 다리의 강도를 시험해 보세요.

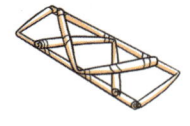 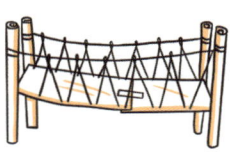

게임 속 과학

좋은 다리는 한중간에서 아래로 밀어내는 힘에도 구부러지거나 무너지지 않습니다. 매우 강하고 단단하게 만들면 됩니다. 또는 끈이나 지지대를 이용해 다리를 지탱할 수도 있습니다. 바로 현수교가 작동하는 원리입니다. 탑과 연결된 케이블에 다리가 매달려 있죠.

이렇게도 해보세요!
더 어려운 미션에 도전해 볼까요? 오롯이 종이로만 다리를 건설해 보세요! 돌돌 말고, 접고, 감싸는 방법으로 강하게 만들어 봅시다.

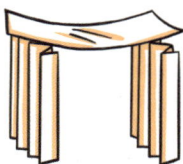

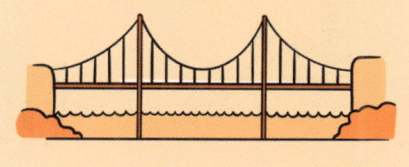

30 가장 긴 도미노, 도전!

도미노는 하나를 쓰러뜨리면 나머지 모두 연달아 넘어집니다.
(제대로 만들었다면!) 여러분이 만든 최고의 도미노는 얼마나 긴가요?

게임 방법

1 도미노 게임은 도미노의 끝부분을 일렬로 세우는 것으로 시작합니다. 각 도미노가 쓰러질 때 다음 도미노를 넘어뜨릴 수 있도록 가까워야 합니다.

준비물

- 탁자나 바닥 위의 매끈하고 편평한 공간
- 도미노

가능하면 전통적인 도미노 세트를 하나 또는 여러 세트 구해 사용하세요. 친구나 가족에게서 여분의 세트를 빌리거나 중고품을 싸게 구입하는 것도 좋습니다.

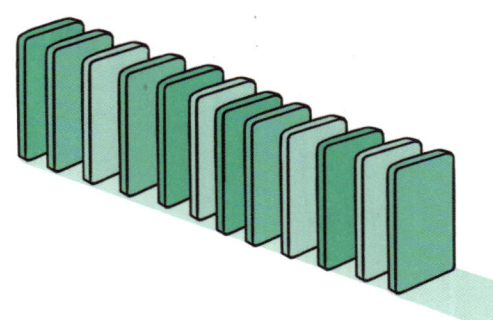

2 도미노 게임을 완성하면 첫 번째 도미노를 밀고 어떻게 움직이는지 지켜봅니다!

3 다른 것도 시도해 볼 수 있습니다.

곡선 도미노

장애물 넘기 도미노

한 줄에서 두 줄로 갈라지는 도미노

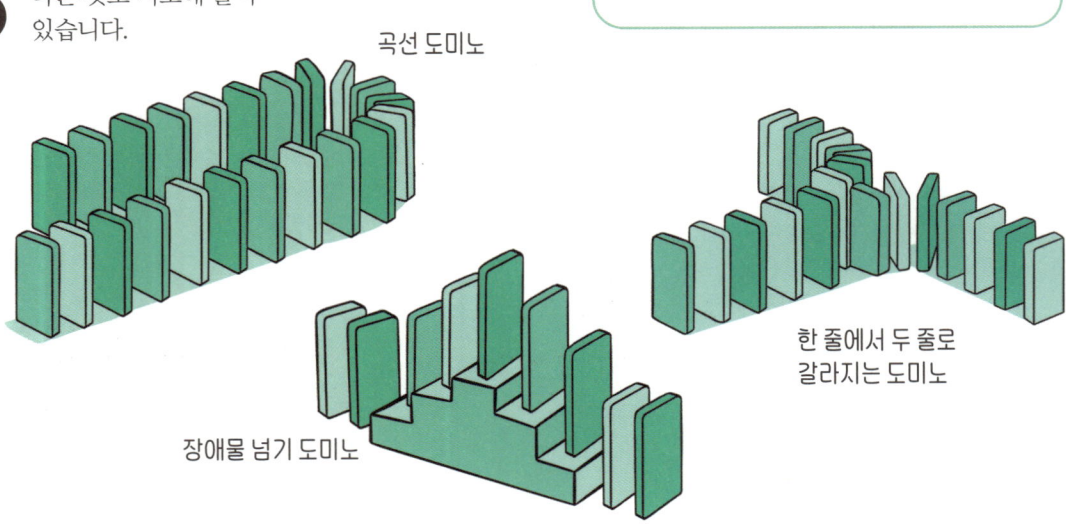

4 그리고 가능한 한 많은 도미노를 길게 세워 보세요.

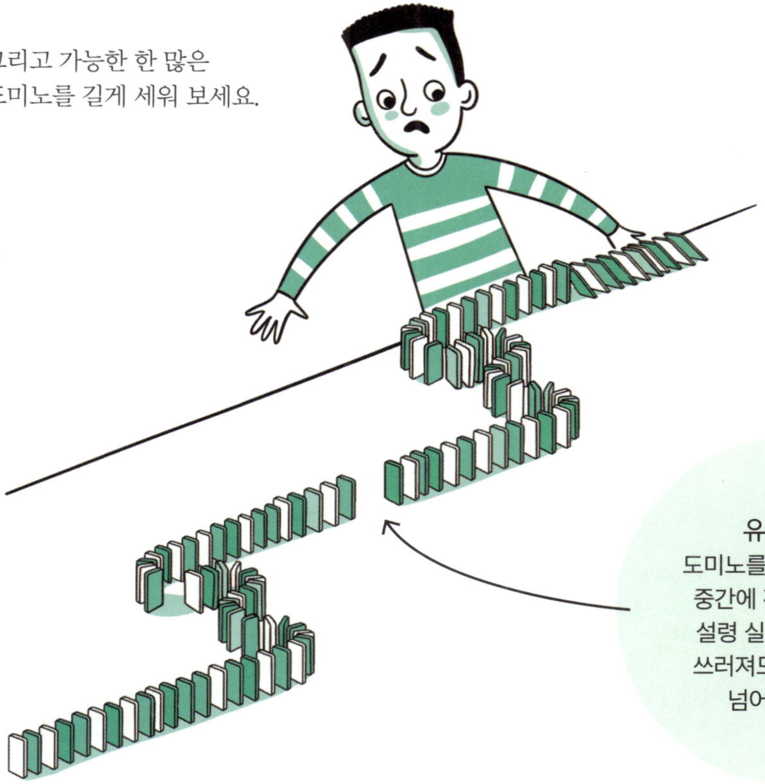

유용한 팁!
도미노를 길게 세울 때는 중간에 간격을 두세요. 설령 실수로 도미노가 쓰러져도 단지 몇 개만 넘어질 거예요.

게임 속 과학

도미노는 왜 그렇게 쉽게 넘어질까요? 길고 좁은 모양에는 무게중심이 비교적 높은 곳에 있어 불안정하기 때문입니다. 도미노를 쓰러뜨리는 데는 살짝 미는 힘만 있으면 충분해서, 하나가 넘어가면 연달아 다른 도미노들도 쓰러집니다.

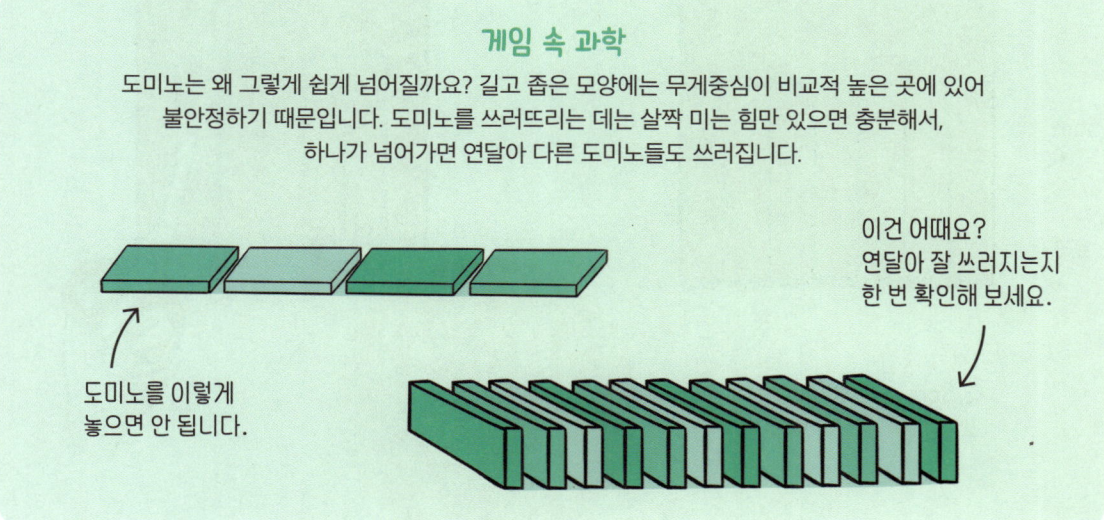

도미노를 이렇게 놓으면 안 됩니다.

이건 어때요? 연달아 잘 쓰러지는지 한 번 확인해 보세요.

㉛ 쭉쭉 길어져라, 집게팔!

조금 멀리 떨어져 있는 물건을 잡으러 가기 귀찮았던 적이 있나요?
아마 이 '집게팔'이 문제를 해결해 줄 거예요.

준비물

- 골판지
- 자
- 마커펜
- 가위
- 꼬치 또는 큰 바늘
- 할핀이나 꼬챙이

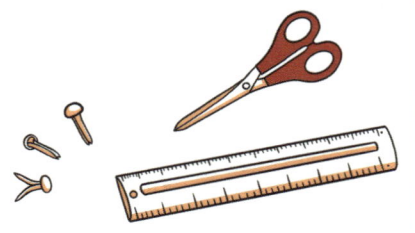

혼자 또는 팀으로 도전해 보세요. 또는 누가 가장 긴 집게팔을 만들 수 있는지 경쟁해도 좋아요.

게임 방법

1 골판지에 폭 2.5cm, 길이 15cm 크기의 직사각형 6개를 그리고 자릅니다.
골판지 골 부분과 같은 방향으로 자르면 더 강한 것을 만들 수 있습니다.

15cm
2.5cm

2 다른 골판지에 같은 크기의 직사각형 2개를 더 그리고 자릅니다. 물건을 잡을 수 있도록 끝 모양을 바꿔 주세요.

뾰족한 꼬치나 바늘을 사용할 때는 주변 어른의 도움을 받습니다.

③ 어른의 도움을 받아, 꼬치나 바늘로 모든 직사각형의 중앙과 양쪽 끝에 구멍을 뚫습니다.

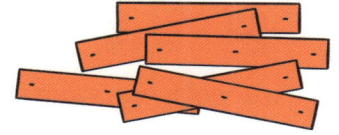

④ 이제 할핀을 구멍에 꽂아 6개의 직사각형을 조립합니다. 먼저, 직사각형 2개를 십자 모양으로 포갠 뒤 할핀으로 연결하세요.

⑤ 그런 다음, 십자 모양끼리 고정합니다.

⑥ 방법 2에서 만들었던 마지막 직사각형을 연결해 집게팔을 조립합니다.

게임 속 과학

집게팔은 각 부분이 다른 부분을 움직이는 방식으로 한쪽 끝의 움직임을 다른 쪽 끝으로 전달합니다. 무거운 것을 집으면 구부러지거나 끊어지기 때문에 너무 길게 만들 수 없습니다. 하지만 실망하지 말고 도전해 보세요!

⑦ 집게팔의 다른 쪽 끝을 잡고 여닫으면 집게팔이 작동합니다.

무엇을 집을 수 있나요?

65

32. 달걀 낙하 실험

이번 도전에서는 땅에 달걀을 떨어뜨려야 합니다. 쉬워 보이죠? 그렇지만 신중해야 해요. 깨지지 않았는지도 확인해야 합니다.

달걀 개수만큼 여러 명이 참가할 수 있어요.

살려줘!

준비물

- 참가자 1인당 신선한 날달걀 1개(삶은 달걀은 안 됩니다!)
- 달걀을 떨어뜨릴 수 있는 의자 또는 낮은 벽
- 바닥이 지저분해지는 것을 막기 위한 비닐봉투
- 다양한 만들기 재료 :

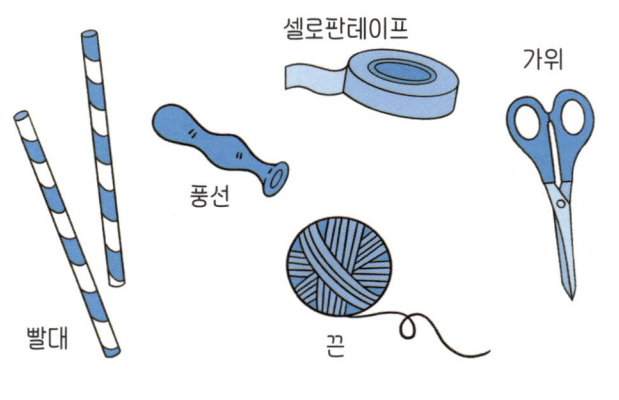

빨대 / 풍선 / 셀로판테이프 / 끈 / 가위

게임 방법

1 참가자나 팀은 달걀이 땅에 떨어졌을 때 깨지지 않도록 감싸거나 다른 장치를 만들어야 합니다. 예시를 볼까요?

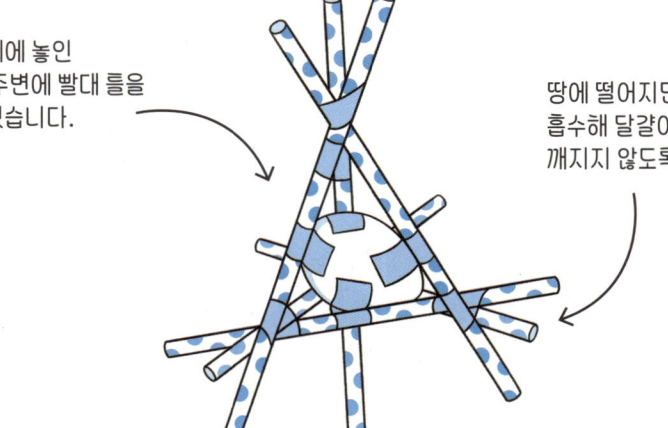

가운데에 놓인 달걀 주변에 빨대 틀을 만들었습니다.

땅에 떨어지면 빨대가 충격을 흡수해 달걀이 땅에 부딪혀 깨지지 않도록 해야 합니다.

과연 효과가 있을까요? 아니면 빨대가 너무 빨리 구겨져 지저분한 달걀 폭탄이 되진 않을까요?

2 다양한 방법과 재료를 이용해 달걀을 부드럽게 착륙시키세요. 그다음 모든 준비가 끝나면 과연 달걀을 얼마나 보호할 수 있는지 시험해 봅시다! 어른에게 똑같은 높이에서 하나씩 떨어뜨려 달라고 요청하고, 달걀이 깨지지 않았는지 확인하세요.

몇 가지 제시된 디자인을 시도해 보세요!

게임 속 과학

낙하하는 달걀은 땅에 가까워질수록 점점 빨라지면서 땅에 세게 부딪힙니다. 당연히 달걀을 땅에 떨어뜨리면 부딪힌 충격에 의해 얇은 껍질이 깨질 수밖에 없지요. 그러나 달걀이 깨지는 것을 막을 수 있는 두 가지 방법이 있습니다.

- 땅에 부딪힐 때 속력을 늦출 수 있는 물건으로 감싸서 충격을 줄입니다.
- 낙하산이나 날개를 사용해 천천히 떨어지도록 합니다.
  (또는 두 가지 방법을 잘 조합해 적용해 보세요!)

33 뗏목 만들기

무인도에 갇힌다면, 뗏목을 만드는 게 유용할 것입니다. 먼저 작은 것부터 시도해 볼까요?

게임 방법

1 깊이 10cm 정도로 욕조나 튜브 수영장에 물을 채우세요. 뗏목을 만드는 동안 어떤 것이 잘 뜨는지 확인할 수 있습니다.

2 뗏목을 실험하고 디자인합니다. 물에 뜨게 할 부품과 장난감 피규어가 서거나 앉을 수 있는 편평한 갑판이 필요합니다. 또한 뒤집히지 않도록 상당히 넓고 편평해야 합니다.

몇 명이든 함께 할 수 있어요.

준비물

- 욕조 또는 튜브 수영장
- 가위
- 뗏목에 태울 장난감 피규어
- 뗏목을 만드는 데 필요한 재료 :

  잔가지, 아이스크림 막대 또는 꼬치 막대

  코르크

  실

  고무줄

  비타민 음료와 같은 뚜껑이 있는 작은 병, 튜브, 가벼운 밀폐용기

  빨대

  스티로폼 용기

빈 병, 밀봉된 병, 코르크 또는 스티로폼 용기는 잘 뜹니다.

막대기나 빨대를 이용하면 편평하고 품질이 좋은 갑판을 만들 수 있습니다.

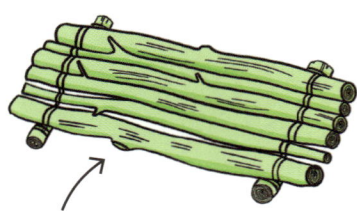

끈이나 고무줄로 부품을 고정합니다.

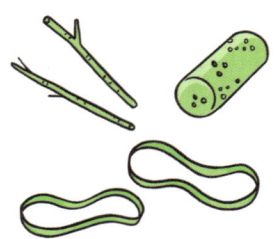

욕조나 튜브 수영장을 사용할 때는 반드시 어른과 함께 하세요.

3 뗏목 만들기를 완성하면, 피규어를 태우고 항해를 시작하세요! 물에 빠지지 않고 무사하기를 바랍니다!

드디어 자유다!

이렇게도 해보세요!
쌍동선은 물 위에 뜨는 2개의 배를 갑판 위에서 연결한 형태로, 더 안정적입니다. 이렇게 작동하는 뗏목을 만들 수 있나요?

게임 속 과학

이 책에 나오는 다른 물에 뜨는 물질들과 마찬가지로 코르크, 빈 병, 스티로폼은 크기에 비해 가볍거나 밀도가 물보다 작기 때문에 뜨게 됩니다. 그러나 갑판을 추가하거나 뗏목을 묶는 끈이나 고무줄, 승무원(장난감 피규어) 등이 더해지면 밀도가 커집니다. 뗏목이 뜰 수 있을 만큼 가벼운 상태를 유지하면서 필요한 모든 부품을 추가해 균형을 맞춰야 합니다.

34 종이 의자 만들기

이번 도전에서는 판지를 이용해 실제로 앉을 수 있는 의자나 스툴을 만들어야 합니다.
성공한다면 새 의자는 덤으로 얻게 되는 것이죠!

게임 방법

1 먼저, 어느 정도 크기의 의자를 만들지 생각해 보세요. 주변의 다른 의자들을 살펴보고 가장 적합한 높이를 찾습니다.

혼자서도 가능하지만, 팀으로 하면 더 많은 아이디어를 얻을 수 있어요.

준비물

- 골판지 또는 택배 상자의 넓은 면
- 자
- 마커펜
- 가위
- 셀로판테이프
- 접착제

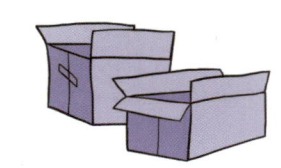

2 의자를 디자인할 차례입니다. 좌석 부분과 그 아래를 지탱할 튼튼한 부분이 필요합니다. 대부분의 의자에는 다리가 있지만 판지로 얇은 다리를 만들면 무게를 견딜 만큼 튼튼할까요?

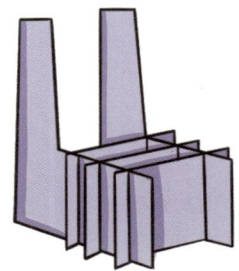
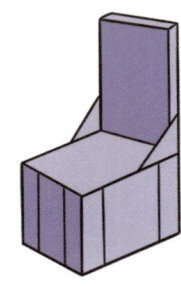

등받이가 있으면 좋을까요? 아니면 등받이가 없는 간단한 스툴을 만들어 볼까요?

❸ 접거나 돌돌 말고, 테이프로 고정하고, 접착제로 붙이는 등 다양한 방법으로 판지를 사용해 다른 모양을 만들어 실험합니다. 순간순간 떠오르는 아이디어를 놓치지 마세요.

❹ 준비되면 의자를 만들고 그 위에 앉아 테스트해 보세요. 조심하세요!

게임 속 과학

골판지는 약해 보일 수 있지만, 제대로 사용하면 우리의 무게를 견딜 수 있을 만큼 튼튼합니다.

- 골판지의 융기선을 제대로 활용하면 더 단단해집니다. 융기선이 세로 방향(위아래로 일직선)일 때 판지는 더 강해집니다.

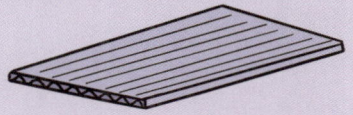

- 골판지를 포개서 의자를 만들 때 융기선의 방향을 엇갈려 겹치면 더 강하게 만들 수 있습니다.

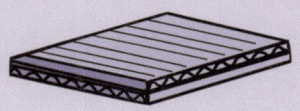

- 삼각형은 세 변이 서로 고정돼 있어서 강합니다. 골판지를 삼각형 모양으로 접으면 더 많은 무게를 지탱할 수 있습니다.

이런 모양으로 튼튼한 의자 다리를 만들 수 있습니다.

- 골판지를 튜브처럼 돌돌 말아도 강한 구조물이 됩니다.

㉟ 거대한 비눗방울 만들기

비눗방울 놀이보다 더 재밌는 게 있을까요?
물론이죠! 거대한 비눗방울 놀이 말예요!

준비물

- 큰 플라스틱 그릇 또는 양동이
- 따뜻한 물 2.5L
- 주방세제 1L
- 글리세린 125mL(약국에서 팔아요.)
- 가는 끈
- 얇은 대나무 막대기 또는 어묵 꼬치 2개
- 가위
- 줄자
- 안전한 야외 공간

게임 방법

1 준비한 플라스틱 그릇이나 양동이를 야외에 놓고 물, 주방세제, 글리세린을 넣습니다. 거품이 나지 않도록 천천히 저어 따로 보관하세요.

2 거대한 비눗방울 지팡이를 만들기 위해 각각 길이 1m, 1.2m 정도의 끈 2개를 준비합니다.

짧은 끈의 양쪽 끝을 두 막대기 끝에 각각 묶습니다.

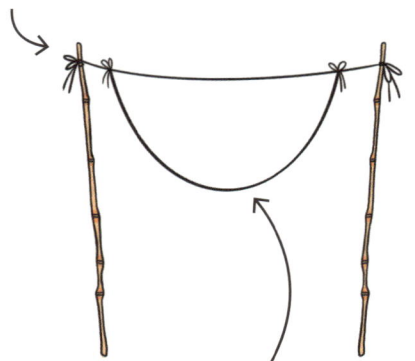

긴 끈의 양쪽 끝을 짧은 끈의 양쪽 끝(막대에 되도록 가깝게)에 묶습니다(단단하고 강한 매듭을 짓는 데 어른의 도움이 필요할 수도 있습니다).

3 이제 비눗방울을 만들 차례! 두 막대기의 끝을 잡고, 끈을 거품 속으로 넣습니다. 천천히 들어 올린 뒤 막대기를 양쪽으로 넓게 벌리세요.

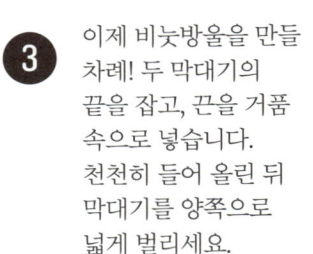

4 바람이 부는 곳을 향해 비눗방울 막대기를 높이 듭니다. 그러면 커다란 비눗방울이 생길 거예요. 만약 바람이 불지 않으면 막대기를 움직여 바람을 가둬 보세요.

36 그물 비눗방울

커다란 비눗방울 대신 그물 막대기로 작은 거품을 많이 만들어 볼까요?

준비물
- 앞 게임과 같은 비눗방울 막대기
- 여분의 끈
- 가위

게임 방법

1 길이가 1.2m 정도인 끈 8개를 준비합니다. 비눗방울 막대기의 위쪽 끈에 같은 간격으로 묶어 주세요.

2 매듭마다 끈 양쪽이 아래로 내려오도록 한 뒤 가운데에서 끈을 묶으면 됩니다.

3 위에서 아래로 10cm 떨어진 지점에서 옆의 끈 한 개와 매듭을 짓습니다.

4 지팡이의 아래쪽 끈에 닿을 때까지 계속 묶으세요. 마지막은 지팡이의 아래쪽 끈과 매듭을 짓습니다.

그물 막대기로 비눗방울을 만들고 어떤 일이 일어나는지 보세요!

게임 속 과학

비누에는 특별한 분자가 들어 있습니다. 한쪽 끝은 물에 달라붙고, 다른 쪽 끝은 물을 밀어내는 성질을 가지고 있지요. 비누와 물을 섞으면 양쪽에 비누가 있는 물 층이 만들어집니다. 이러한 층이 마치 얇은 필름이나 시트처럼 늘어나 비눗방울을 만들 수 있게 됩니다.

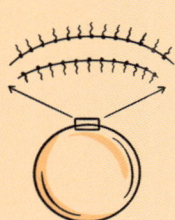

㉛ 아슬아슬 스파게티 탑 쌓기

오랫동안 과학 도전 과제로 자리매김한 '스파게티 탑 쌓기'에 도전하겠습니까?

게임 방법

스파게티 면의 끝부분을 마시멜로에 끼워 서로 연결합니다. 얼마나 높이 쌓을 수 있습니까?

혼자 또는 친구나 가족과 대결하기

도전을 하기 전에 마시멜로에 알레르기 반응이 있는지 먼저 확인해야 합니다. 알레르기가 있다면 다른 것으로 대체해야 합니다.

삼각형, 사각형, 상자, 십자 모양 등을 만들 수 있습니다.

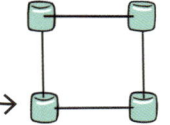
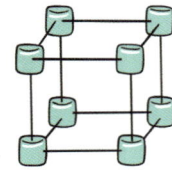

그리고 그것들을 연결해 탑이나 건물을 세워 보세요.

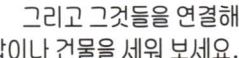
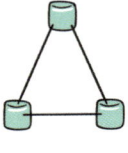
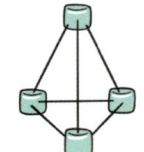

준비물
- 스파게티면 한 봉지
- 마시멜로(중간 크기) 큰 팩
- 탑을 쌓을 수 있는 편평하고 단단한 표면

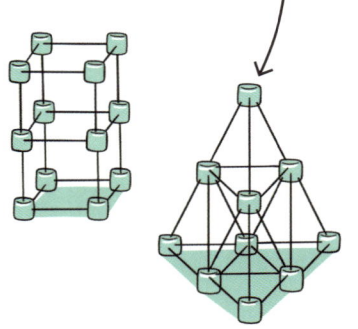

다양한 방법과 디자인으로 실험하고, 얼마나 높이 세울 수 있는지 확인해 보세요.

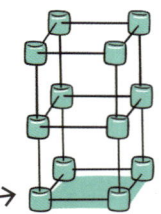

게임 속 과학

스파게티 면을 이용해 탑이나 건물을 세우는 것은 실제 고층 빌딩을 짓는 방법과 매우 비슷합니다. 예를 들면 이런 거죠.

- 가벼우면서도 단단해야 합니다. 이 둘의 균형을 맞춰야 쓰러지지 않고 탑을 높게 쌓을 수 있습니다.
- 삼각형은 매우 안정적인 구조이므로, 이를 본떠 탑을 쌓으면 도움이 됩니다.
- 탑 전체를 삼각형 모양으로 만드는 것은 가능한 한 가볍고 크게 만드는 데 매우 유리한 방법입니다.
- 한 번에 2개의 스파게티 면을 이용해 기초를 다지면 더욱더 강하게 만들 수 있습니다. 그러나 꼭대기 근처에서는 1개의 스파게티 면을 사용하세요.

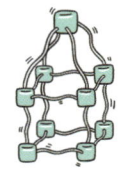

38 지진에서 살아남는 건축물 쌓기

스파게티 면을 사용해서 또 다른 도전을 해 보세요.

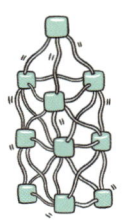

게임 방법

1 각 참가자는 도마나 쟁반 위에 자신의 스파게티 탑을 만들어야 합니다.

2 가장 높은 타워 대신 지진에 견딜 수 있는 튼튼한 건물을 만드는 게 목표입니다. 가령, 30cm와 같이 최대 높이를 결정하고 건물을 가능한 한 견고하고 무너지지 않도록 만들어 보세요.

3 마시멜로가 보드나 쟁반에 붙을 수 있도록 아래를 꾹꾹 눌러 주세요.

4 그다음 도마나 쟁반 옆을 잘 잡고 건물을 흔들어 보세요!

준비물
- 스파게티 면과 마시멜로
- 큰 쟁반 또는 도마

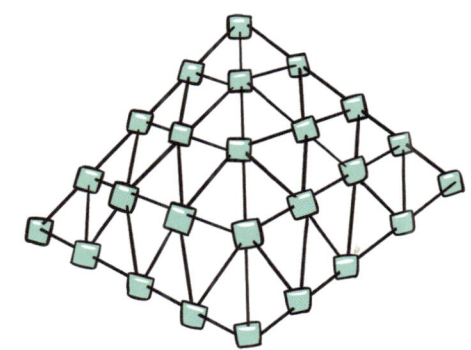

이리저리 빠르게 밀어요.

얼마나 잘 버텼나요?

4장

집중력을 높여 주는 게임

39 색깔 스트루프 게임

이 게임의 규칙은 매우 단순합니다. 읽지 않으려고만 하면 돼요!
어때요, 참 쉽죠?

게임 방법

1 스트루프Stroop 판을 만들려면 밝은 펜이나 연필을 들고 펜과는 다른 색깔의 이름을 쓰세요. '다른 색깔'을 명심하세요! 예를 들어, '파란색'이라는 단어를 빨간색으로, '주황색'이라는 단어를 녹색으로 쓰면 됩니다.

2 먼저 단어를 읽어 봅시다. 꽤 쉽죠? 타이머를 설정하고 얼마나 빨리 전부 읽을 수 있는지 시간을 재 보세요.

3 자, 다시 시도해 봅시다. 이번에는 단어를 읽는 게 아니라 단어의 색깔을 말하세요. 빨강, 파랑, 초록, 노랑, 주황……. 단어와 글씨의 색깔이 일치하지 않기 때문에 단어를 읽지 않고 색깔을 보려고 노력해야 해요.

주황, 파랑, 초록……

4 다른 사람과 함께 타이머로 기록을 재 보세요! 얼마나 걸렸나요?

누가 가장 빨리 성공했죠?

준비물

- 타이머 또는 스톱워치
- 종이 카드
- 여러 색깔의 펜과 연필

게임 속 과학

'스트루프 효과'라고 불리는 이 이상한 과학 게임은 과학자 존 리들리 스트루프(John Ridley Stroop)의 이름을 따서 지어졌어요. 이 게임에서 대부분 사람들은 단어를 읽는 것보다 색깔을 말하는 게 훨씬 어렵고 더 오래 걸린다는 것을 알게 됩니다. 읽기를 배운 뒤 사람들은 의식하지 않고 바로 정보를 인지할 수 있습니다. 덕분에 단어를 보자마자 자동으로 읽을 수 있죠. 그러나 색에 대한 정보는 단어를 읽는 것에 비해 조금 더 주의가 필요합니다. 자동으로 인식되는 정보를 배제하고 다른 정보를 찾으려니 뇌가 혼란스러워하며 정보를 처리하는 속도가 느려지는 것이죠.

㊵ 도형 스트루프 게임

여러 도형과 도형 이름을 이용한 스트루프 게임에 도전해 봅시다!

> 최소 2명 이상이어야 서로 시간을 측정할 수 있습니다.

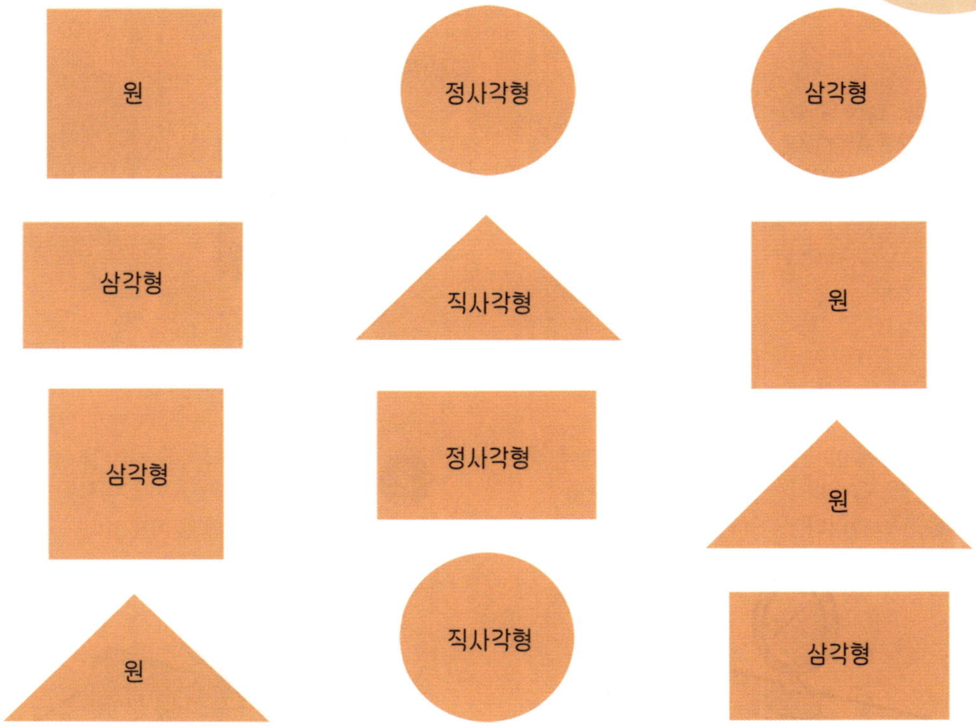

원	정사각형	삼각형
삼각형	직사각형	원
삼각형	정사각형	원
원	직사각형	삼각형

게임 방법

① 다른 참가자가 시간을 재는 동안 가능한 한 빨리 패널에 적힌 글자를 읽습니다.

이번에는 '원'이라고 글자를 읽어야 합니다.

② 이번에는 패널에 적힌 글자 대신 모양의 이름을 말해야 합니다.

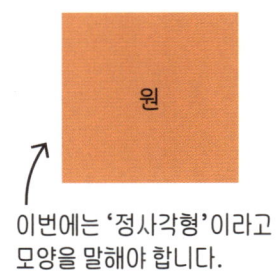

이번에는 '정사각형'이라고 모양을 말해야 합니다.

게임 속 과학

단어를 읽는 것과 모양을 말하는 것이 별개인 몇몇 사람들에게는 조금 더 쉽게 느껴질 수도 있습니다. 여러분들은 어떻게 했나요?

㊶ 거울로 그린 그림

거울에 비친 그림을 그리려고 하면 어떤 일이 생길까요?

혼자서도 쉽게 할 수 있지만 다른 사람들이 하는 걸 지켜보면 더 즐겁답니다.

준비물
- 스탠드형 거울
- 시리얼 상자 또는 비슷한 크기의 상자
- 펜과 종이
- 테이블과 의자

거울을 움직일 때 어른의 도움을 받으세요.

게임 방법

1 테이블에 앉아 약 30cm 떨어진 지점에 거울을 둡니다. 거울 앞에 종이를 한 장 올려 놓습니다.

2 의자와 종이 사이에 시리얼 상자를 세워서 시야를 가리세요. 오로지 확인할 수 있는 건 거울에 비친 종이뿐입니다.

3 시리얼 상자 주변에 손을 올리고 종이에 그림을 그리세요. 자신이 그리고 있는 그림은 오직 거울을 통해서만 확인할 수 있습니다.

4 간단한 그림을 그려 보세요.

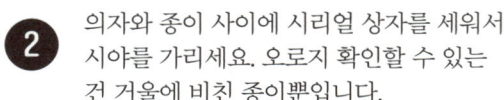

5 다른 참가자들이 있다면 자신이 그린 그림을 다른 사람들이 맞힐 수 있는지 확인해 봅시다.

게임 속 과학

이미 알고 있듯, 이 게임은 생각보다 어렵습니다. 뇌가 손을 전혀 조절할 수 없는 것처럼 느껴질 거예요. 뇌가 명령을 내릴 때 손의 움직임을 예측하기 때문입니다. 그러나 거울 속에 비친 손은 뇌의 예측과 반대로 움직이지요. 이는 뇌를 매우 혼란스럽게 만들고 뇌는 이런 자극에 익숙하지 않아 계속해서 잘못된 지시를 내립니다. 하지만 꾸준히 시도하면 뇌가 익숙해지고 훨씬 더 쉬워질 거예요.

42 거울로 쓰는 메시지

거울을 이용해 시도할 수 있는 또 다른 게임이 있습니다! 친구에게 조금 특별한 메시지를 남겨 볼까요?

게임 방법

이번에는 단어나 문장을 생각하고, 읽을 수 있을 만큼 명확하게 쓸 수 있는지 도전해 보세요. 아니면 자신이 글을 쓸 때 다른 참가자에게 그것이 무엇인지 맞혀 보라고 해 보세요.

준비물
- 거울
- 종이
- 펜

43 시장에 가면!

기억력 게임, 쉽다고 우습게 봤다간 큰코다칠 거예요!

2명 이상 함께 하세요.

준비물
- 오로지 기억력만 준비하면 됩니다!

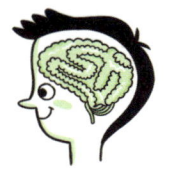

게임 방법

1 먼저 시작할 사람 한 명을 뽑고, 순서대로 돌아갑니다. 첫 번째 참가자는 다음과 같이 말합니다.

"시장에 가면……"

그다음 "빵도 있고"처럼 시장에서 살 수 있는 물건을 하나 정해 말합니다.

2 그다음 참가자가 말합니다.

"시장에 가면 빵도 있고……"

"사과도 있고"처럼 시장에서 살 수 있는 다른 품목을 얘기합니다.

3 그다음 계속 게임을 이어가면 됩니다. 차례마다 이전 참가자들이 얘기했던 물건들을 순서대로 기억해 얘기한 뒤 자신의 항목을 추가하면 됩니다.

"시장에 가면 빵도 있고, 사과도 있고, 포도도 있고, 계란도 있고, 차도 있고……."

게임 속 과학

우리 뇌는 수천 개의 단어와 사물, 그외 다른 것들을 영구적이고 장기적으로 기억합니다. 하지만 뇌의 단기 기억 저장소는 한 번에 6~7개 정도만 담을 수 있지요. 우리가 그것들을 잊어버리기 전까지는 말입니다.

 ## 44 미로 기억력 테스트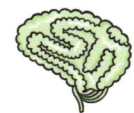

우리의 뇌는 올바른 길을 어떻게 기억할까요?

게임 방법

1 타이머를 설정하고 미로를 풀기 시작합니다(책에 선을 그리지 말고, 손가락을 사용해 올바른 목적지까지 가는 길을 찾으세요).

준비물

- 스톱워치 또는 타이머
- 펜과 종이
- 미로

혼자서 하거나 친구와 번갈아 시간을 재면서 해 보세요.

2 끝나면 타이머를 멈추고 시간을 기록합니다.

3 다시 미로를 풀어 봅시다! 그리고 몇 번 더 시도해 보세요. 그때마다 미로를 통과하는 데 시간이 얼마나 걸렸는지 적어 보세요!

게임 속 과학

미로 찾기를 계속 시도할수록 통과하는 데 걸리는 시간이 더 짧아진다는 걸 알아챘나요? 우리의 두뇌는 미로를 통과하는 길에 대한 정보를 저장하고, 그다음을 위해 정보를 기억합니다. 이것은 우리가 학교에 가는 길, 피아노를 연주하는 일, 신발 끈을 묶는 일과 같은 다른 것들을 배우는 방법과도 같습니다. 학습을 통해 뇌의 신경세포들은 연결이 활성화하고 새로운 정보를 받아들이기 위해 변화하고 성장합니다. 시도하면 할수록 해당 작업은 눈을 감고도 할 수 있을 정도로 기억력은 더 강해집니다.

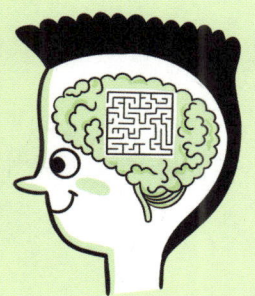

45. 친구 훈련시키기

개와 같은 동물은 말을 할 수 없지만 특별한 방법으로 훈련시키고 가르칠 수는 있습니다.
우리가 무엇을 원하는지 동물들은 어떻게 알까요? 이것을 보고 시도해 보세요!

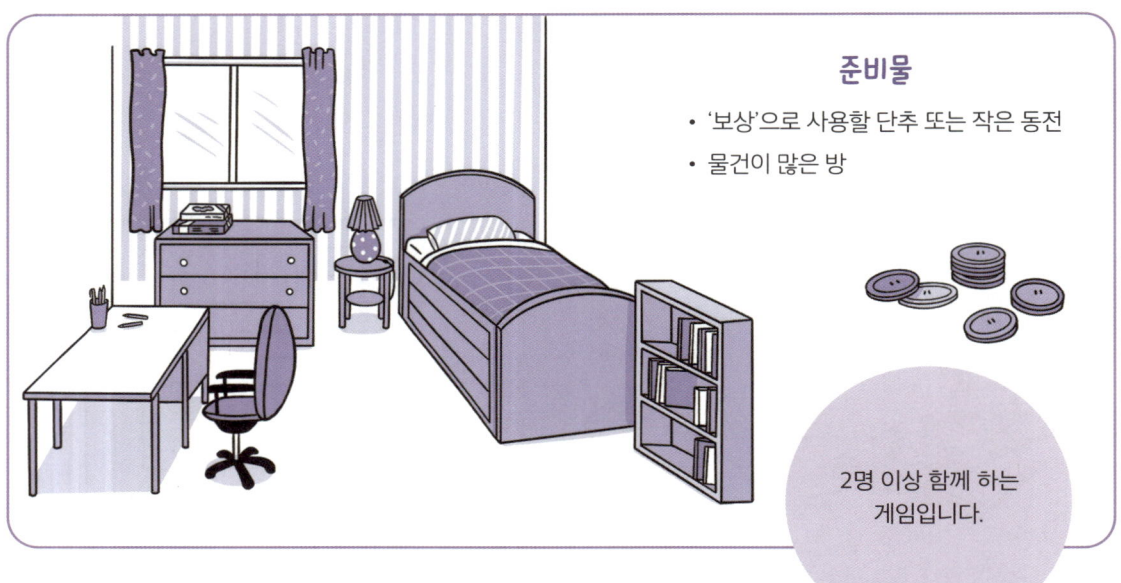

준비물
- '보상'으로 사용할 단추 또는 작은 동전
- 물건이 많은 방

2명 이상 함께 하는 게임입니다.

게임 방법

1 '개'가 될 한 사람을 선택한 뒤 방에서 내보내세요. 그 사이 '개'에게 무엇을 가르칠지 결정합니다. 책을 펼치거나 램프를 켜거나 특정 펜을 집는 것과 같은 일을 훈련하게 할 수 있습니다.

2 이제 '개'를 다시 방으로 데려와 방 한가운데 서게 합니다. 올바른 일을 하면 보상을 받을 것이며, 가능한 한 많은 보상을 수집해야 한다고 얘기합니다. '개'는 방을 돌아다니며 해야 할 일을 찾기 시작합니다.

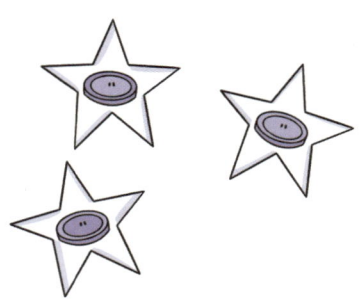

3 원하는 일에 가까워질 때마다 간식을 줍니다. 예를 들어, '개'가 책을 펼치기를 원한다고 가정합시다. 이럴 때마다 간식을 주면 됩니다.

- 책장 쪽으로 이동합니다.
- 책장을 봅니다.
- 책장을 만집니다.
- 책장에서 책을 꺼냅니다.

4 '개'가 마침내 책을 펼치면 더욱 많이 간식을 주고 격하게 칭찬해주세요.

5 그러나 '개'가 미션과 관련이 없는 일을 할 때는 아무것도 하지 마세요. '아니요'라는 반응조차 하지 말고 조용히 자리를 지킵니다.

게임 속 과학

우리가 원하는 것이 무엇인지 '개'는 전혀 알지 못하더라도, 이 방법은 원하는 행동을 하도록 훈련하게 할 수 있습니다. '긍정적인 강화'라고 합니다. '개'가 옳은 일을 할 때마다 보상하면 됩니다. 그렇게 하면 기분이 좋아지고, 계속하고 싶은 일이 됩니다. 모든 개에게 다 통하는 방법이에요!

 ## 쿵쿵, 무슨 냄새일까?

뇌는 우리가 맡은 냄새를 정확하게 판단할 수 있을까?
항상은 아닐걸?

혼자 또는 친구와 함께 하세요.

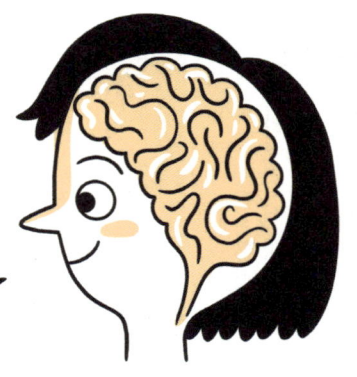

내 뇌가 거짓말을 하는 걸까?

준비물

- 컵 3개
- 코코아 가루
- 계핏가루
- 티스푼
- 타이머

게임 방법

1 한 컵에는 코코아 가루 2티스푼, 다른 컵에는 계핏가루 2티스푼을 넣습니다. 세 번째 컵에는 코코아 가루와 계핏가루를 각각 1티스푼씩 넣고 섞으세요.

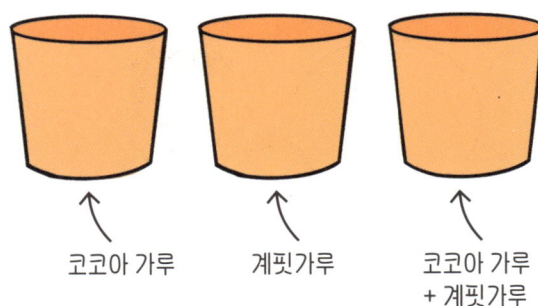

↑ 코코아 가루 　 ↑ 계핏가루 　 ↑ 코코아 가루 + 계핏가루

2 이제 타이머를 30초로 설정하고 코코아 가루를 쿵쿵거리기 시작합니다. 타이머가 꺼질 때까지 계속 냄새를 맡으세요.

음…… 초콜릿.

3 30초가 지나면 재빨리 혼합물이 담긴 컵으로 옮겨 냄새를 맡습니다. 어떤 냄새가 나나요?

4 다음에는 이렇게 해 보세요. 30초 동안 계핏가루 냄새를 맡은 다음, 혼합물의 냄새를 맡습니다. 이번에는 무슨 냄새가 날까요?

이상하네!

게임 속 과학

조금 전 맡은 가루의 냄새에 따라 혼합물의 냄새가 완전히 다르다는 게 느껴지나요? 코코아 가루의 냄새를 맡은 뒤에는 혼합물에서 계피 냄새가 날 것입니다. 그리고 계피 냄새를 맡은 뒤에는 코코아 가루 냄새가 날 거예요!

뇌는 계속해서 같은 자극을 받으면 그 정보를 무시하기 시작하기 때문에 쉽게 알아차리지 못합니다. 따라서 30초 동안 코코아 가루 냄새를 맡으면 그 자극에 둔감해집니다. 우리 뇌는 낯선 자극을 더 많이 받아들이기 때문에 이 경우, 계피 냄새가 더 많이 느껴지게 됩니다.

이런 현상은 방에서 이상한 냄새가 나거나 특별한 소음이 있을 때도 나타납니다. 우리의 뇌는 계속되는 자극이 주는 피로를 줄이기 위해 스스로 신호의 양을 조절하기 시작합니다.

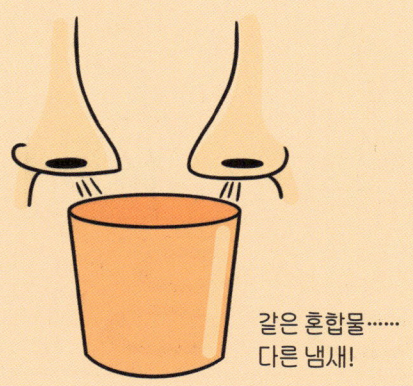

같은 혼합물······
다른 냄새!

이렇게도 해보세요!
친구들과의 게임에서는 혼합물이 들어 있는 컵에 무엇이 들어 있는지 말하지 말고, 그들이 제대로 추측할 수 있는지 확인해 보세요!

47 파란색을 맛보자!

'보기 좋은 떡이 먹기도 좋다'는 속담을 알고 있나요? 정말 그럴까요? 간단한 게임으로 시험해 봅시다.

피시험자(시험의 대상이 되는 사람) 이외에 준비를 도와줄 어른이 1명 이상 필요해요.

준비물

- 흰쌀밥, 흰색 파스타 또는 으깬 감자와 같은 흰색 또는 흰색에 가까운 음식
- 파란색 식용 색소
- 접시 2개와, 포크 또는 숟가락 2개

이 게임에서는 음식을 요리하거나 준비하는 것이 포함되므로, 주변 어른의 도움이 필요합니다. 또한 사용하는 음식에 알레르기가 있는지 미리 확인해야 합니다.

게임 방법

① 어른 도우미와 함께 음식을 준비합니다. 예를 들어, 흰색 파스타를 요리하거나 삶은 감자를 으깨세요. 흰쌀밥을 준비해도 좋습니다.

2 우선, 한 접시에 음식의 절반을 담습니다. 나머지 반에 파란색 식용 색소를 몇 방울 떨어뜨린 후 잘 저어 줍니다. 밝은 파란색이 되면 다른 접시에 올려 주세요.

3 저녁 식사가 완성됐어요! 피시험자에게 와서 음식을 먹으라고 요청합니다. 두 접시를 보여주고 둘 다 정확히 같지만 하나는 파란색으로 염색했다고 말하세요.

4 가장 보기 좋은 것과 먹고 싶은 것이 무엇인지 물어봅니다. 그리고 피시험자에게 둘 다 맛볼 것을 요청하세요. 피시험자는 어떤 반응을 보이나요? 어떤 음식을 더 선호합니까?

게임 속 과학

사람들은 밝은 파란색 음식의 맛이 이상하지 않다는 것을 알면서도 '으엑!'이라고 말하거나 맛보기를 원치 않을 겁니다. 과학자들은 이것이 자연에서 파란색 식품을 찾아보기 어렵기 때문이라고 생각합니다. 그러나 부패한 음식이 종종 파란색을 띠기 때문에, 우리는 무의식적으로 파란색 음식을 상한 음식과 연관시킵니다.
그런데 파란색 사탕이나 껌은 그렇게 역겹게 느껴지지 않습니다. 사탕이나 껌에 인공 염료가 들어있다는 사실에 우리가 매우 익숙하기 때문입니다.

48 세 개의 작은 상자

어떻게 3개의 상자가 한 상자보다 가벼울 수 있을까요?
그럴 수 없지만, 과학 게임에서는 그렇게 느끼도록 할 수 있습니다.

준비물

- 빈 성냥갑 또는 작은 보관 용기처럼 작은 상자 3개(불투명해야 합니다.)
- 상자 안을 채울 수 있는 동전, 작은 자갈 또는 작고 무거운 물건

혼자 또는 친구와 가족에게 속임수를 써 보세요. 혼자서 하더라도 속임수가 진짜처럼 느껴져야 합니다.

게임 방법

1 상자 중 하나에 동전, 자갈 또는 기타 물건을 채워 다른 두 상자보다 훨씬 무겁게 만든 후 닫습니다.

2 두 개의 빈 상자를 겹쳐 쌓고 가장 무거운 상자를 그 위에 놓습니다.

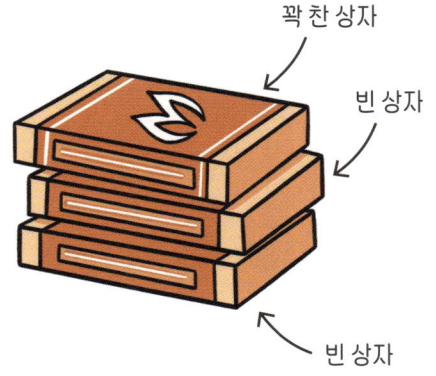

꽉 찬 상자

빈 상자

빈 상자

3 이제 가장 위쪽에 있는 상자를 들어 무게를 느껴 보세요. 만약 다른 사람을 테스트할 경우, 피시험자에게 들어 보라고 합니다.

4 이제 상자를 다시 놓고 3개의 상자를 동시에 모두 들어 올립니다. 방법 3과 비교했을 때 얼마나 무겁게 느껴지나요?

게임 속 과학

놀랍게도 대부분 사람은 3개의 상자를 함께 들었을 때를 무거운 상자 1개를 들었을 때보다 더 가볍게 느낍니다. 실제로는 상자 2가 더해졌고, 절대 이전보다 가벼울 리가 없다는 것을 알고 있는데도 말이죠.

과학자들은 여전히 왜 이런 일이 발생하는지, 그리고 뇌가 어떤 방식으로 작동해 우리에게 잘못된 정보를 주는지 정확하게 알지 못합니다. 무거운 상자를 먼저 들고 난 뒤, 우리는 각 상자의 무게를 대략 짐작합니다. 보통 3개의 상자 더미가 첫 번째 상자보다 약 3배 더 무거울 것이라고 예상하죠. 그러나 3개의 상자를 들면, 예상외로 가벼운 느낌을 받고, 뇌는 이것을 실제보다 훨씬 더 가벼운 것으로 해석합니다.

49 음악의 속도

이제 음악을 즐길 시간이군요! 하지만 조심하세요.
당신의 두뇌에 이상한 영향을 줄 수도 있거든요.

게임 방법

1. 피시험자에게 앉아서 음악을 들어줄 것을 요청하고 연필과 종이를 줍니다.

2. 시험자는 피시험자에게 음악을 들려줄 것이라고 말하고, 피시험자들은 음악이 얼마나 오랫동안 재생되었는지 추측해야 합니다. 빠른 비트의 음악을 정확히 40초 동안 재생하세요(이때 실험자만 타이머를 볼 수 있어야 합니다). 그런 다음, 피시험자에게 음악의 재생 시간을 짐작해서 종이에 적도록 요청합니다.

3. 이제 느린 음악을 같은 시간 들려줍니다. 마찬가지로 피시험자들은 음악의 재생 시간을 짐작해서 종이에 적어야 합니다.

4. 이제 결과를 확인합니다! 각 테스트는 40초 동안 지속됐지만, 이는 우리만 알고 있는 사실입니다. 서로 다른 테스트를 하는 동안 사람들은 어느 쪽 시간이 더 빠르게, 혹은 느리게 지나갔다고 생각했나요?

준비물

> 피시험자 1명 이상과 음악 재생을 도와줄 어른이 필요합니다.

- 전화나 컴퓨터 같이 음악을 재생할 수 있는 기기
- 두 개의 다른 노래 또는 음악 : 빠르고 흥미진진한 곡, 느리고 평화로운 곡
- 스톱워치 또는 타이머
- 연필과 종이

게임 속 과학

과학자들은 느리거나 빠른 음악이 시간의 빠르기를 착각하도록 할 수 있다는 것을 발견했습니다. 더 빠른 음악은 더 많은 시간이 흘렀다고 생각하게 만드는 경우가 많습니다. 아마도 더 많은 사운드와 비트가 삽입되었기 때문일 수 있습니다. 그러나 피시험자가 음악가라면 틀리기를 기대해선 안 되겠지요?

쨍그랑!

쨍그랑!

50 소리를 맞혀 봐

빠르고 쉬운 소리 과학 게임에 다같이 빠져 볼까요?

게임 방법

물건의 목록을 작성해서 참가자에게 주세요. 참가자들에게 멀리 떨어지도록 요청하고, 한 번에 하나의 물건을 불투명한 용기 안에 넣으세요. 그리고 소리가 나도록 용기를 흔들거나 뒤집습니다. 참가자들은 그 안에 어떤 물건이 들어 있는지 추측해야 합니다.

최소 2명 이상 함께 하는 게임입니다.

그들은 무엇이라 추측했나요?

준비물

- 뚜껑이 있는 불투명한 용기
- 펜과 종이
- 다음과 같이 용기 안에 들어갈 수 있는 작은 물건들 :

  동전
  코르크
  지우개
  열쇠
  구슬
  단추
  자갈
  고무줄

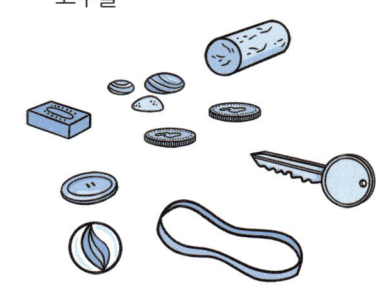

게임 속 과학

소리는 물체가 이리저리 흔들릴 때 진동하면서 생깁니다. 그리고 주변의 공기 또한 진동하죠. 각각의 물체는 서로 다른 방식으로 진동하기 때문에 소리가 다르게 들리고 우리의 뇌는 이런 차이를 감지하는 데 익숙해집니다. 추측하는 사람이 모든 것을 제대로 이해하지 못할 수도 있지만 아마도 제법 잘 추측할 수 있을 것입니다.

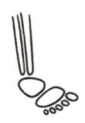 

51 해골 그림 빙고

여러 가지 빙고 게임을 해 봤겠지만,
이번에는 해골을 그려 봅시다. 어쩐지 좀 으스스하지 않나요?

최소 2명 이상 함께 하는 게임입니다.

준비물

- 각 참가자를 위한 펜과 연필
- 페이지 오른쪽에 있는 골격 그림
- 주사위

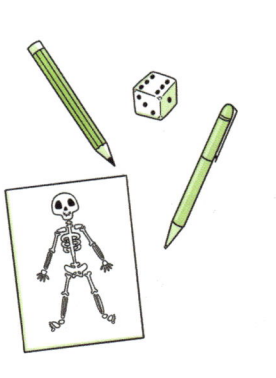

게임 방법

1 모든 참가자는 테이블에 둘러앉아 차례대로 주사위를 던집니다. 자신의 차례가 되면 주사위를 한 번 굴리세요. 굴린 숫자에 따라 종이에 그릴 수 있는 골격 부분이 결정됩니다.

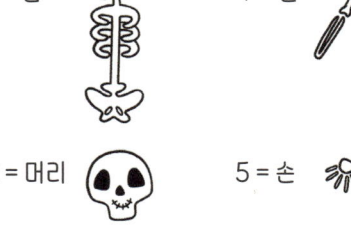

1 = 몸
2 = 머리
3 = 다리
4 = 팔
5 = 손
6 = 발

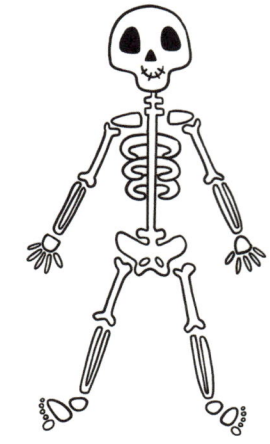

2 머리, 팔, 다리를 추가하기 전에 몸을 그려야 하므로 처음에는 주사위 숫자 1이 나와야 게임을 시작할 수 있습니다. 마찬가지로 주사위의 숫자가 나오더라도 팔이나 다리가 없으면 손이나 발을 그릴 수 없습니다.

3 사용할 수 없는 숫자가 나오면 다음 참가자에게 주사위를 넘기고, 다시 내 차례가 될 때까지 기다려야 합니다. 예를 들어 주사위를 굴려 숫자 6이 나오면 발을 그려야 하지만 내 골격 그림에 다리가 없다면 아무것도 그릴 수 없고 다음 참가자에게 차례를 넘겨야 합니다.

4 골격을 먼저 완성하는 사람이 승자입니다.

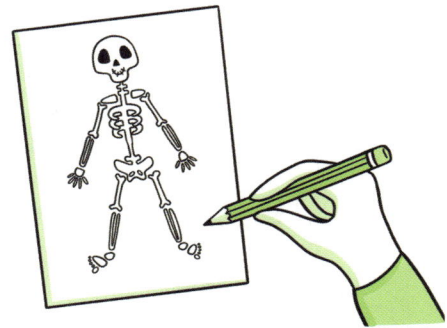

(이제 모두가 해골을 그리는 방법도 알게 되겠죠?)

게임 속 과학

인간과 더불어 많은 동물들은 기본 골격이 유사합니다. 척추와 갈비뼈가 있는 몸통, 머리, 4개의 다리(인간은 팔 2개와 다리 2개)를 가지고 있지요. 새, 도마뱀, 개구리, 고양이, 개, 말, 심지어 공룡의 골격 사진을 봐도 같은 패턴을 볼 수 있습니다. 그들의 골격과 인간의 골격을 비교해 보세요. 추가해야 할 부분이나 다른 부분이 있나요?

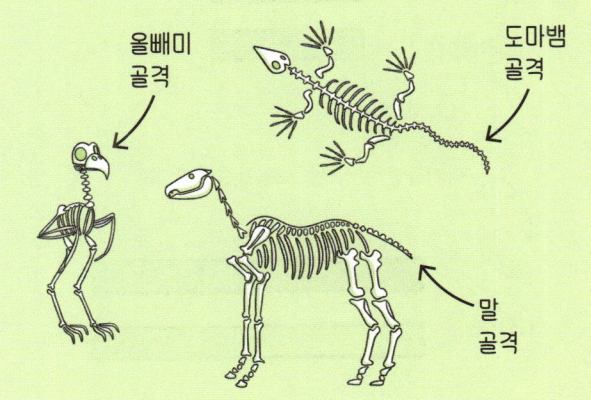

올빼미 골격

도마뱀 골격

말 골격

우리는 DNA 짝꿍!

실제 DNA가 하는 것처럼 염기 짝꿍을 연결해 DNA 가닥을 만들어 봅시다.

DNA가 뭘까요?

DNA는 살아있는 세포 안에 존재합니다. 서로 다른 4개의 염기*로 구성된 이중 나선 구조로 이루어져 있습니다.
염기가 나열된 순서는 세포가 작동하는 방식을 결정하는 일종의 코드와 같습니다.

2명 이상 함께 하는 게임입니다.

* 염기는 아데닌(Adenine), 사이토신(Cytosin), 구아닌(Guanine), 티민(Thymine) 또는 줄여서 A, C, G, T라고 합니다.

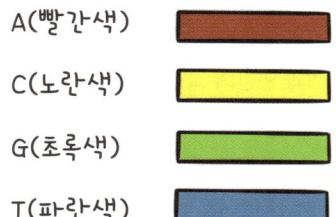

- A (빨간색)
- C (노란색)
- G (초록색)
- T (파란색)

준비물

- 빨간색, 노란색, 녹색 및 파란색 종이 또는 골판지(또는 흰색 판지와 빨간색, 노란색, 녹색, 파란색 마커펜)
- 가위
- 스톱워치 또는 타이머

염기들은 항상 쌍으로 연결됩니다.

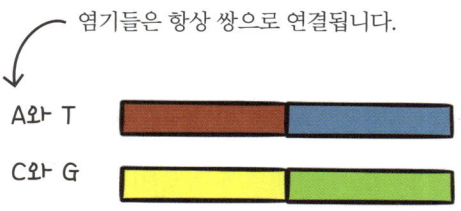

- A와 T
- C와 G

게임 방법

① 손가락 크기의 판지를 많이 잘라 염기를 만드세요. 최소한 빨간색 10개, 노란색 10개, 녹색 10개, 파란색 10개가 있어야 합니다.

② 참가자는 다음과 같이 10개의 염기로 이루어진 DNA 가닥 절반을 만들어야 합니다. 어떤 조합이든 어떤 순서로든 상관없습니다.

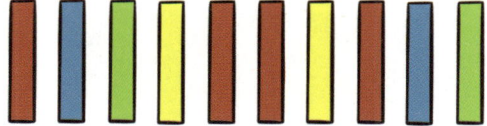

③ A(빨간색)는 항상 T(파란색)와 연결되고, C(노란색)는 항상 G(초록색)와 연결되어야 한다는 사실에 주의하면서 일치하는 쌍을 만들기 위해 가능한 한 빨리 올바른 염기를 추가해야 합니다.

④ 타이머를 이용해 시간이 얼마나 걸리는지 확인한 다음, 장소를 바꾸고 다른 패턴을 시작해 보세요.

알고 있나요?
DNA는 데옥시리보핵산 (Deoxyribonucleic Acid)의 줄임말입니다.

게임 속 과학

실제 세포 안에서 DNA는 자신을 복제해야 할 때 이러한 작업 방식으로 1개의 세포를 2개의 딸세포로 나눠지게 합니다. DNA 이중 가닥이 나뉘면서 새로운 염기가 각각의 반쪽과 결합해 2개의 새로운 DNA 가닥을 만들어 내는 것입니다. 그러면 각각의 딸세포는 고유한 DNA를 그대로 유지할 수 있습니다. 천재죠!

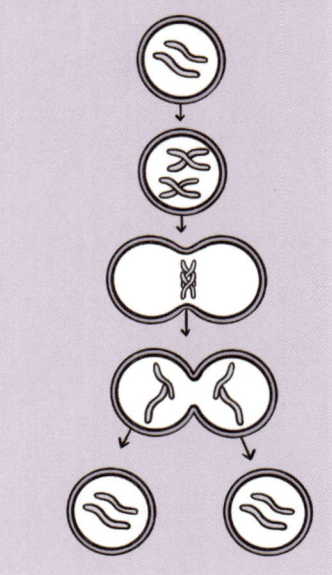

5장

손끝이 똑똑해지는 과학 공작 시간

53 무지개 바퀴

간단하지만 정말 재미있는 과학 장난감!
단 몇 분 만에 뚝딱 만들 수 있다면, 믿을 수 있겠어요?

게임 방법

1 카드에 동그란 물건을 대고 그린 다음 원을 오립니다.

준비물
- 흰색 카드(두꺼운 종이)
- 컵과 같이 너비가 약 7~10cm인 둥근 물체
- 연필
- 가위
- 자
- 빨간색, 주황색, 노란색, 녹색, 파란색, 보라색의 마커펜

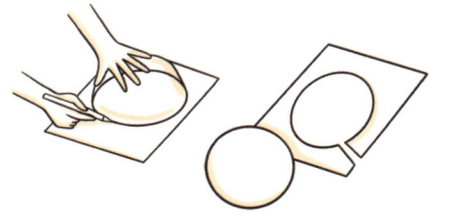

2 원의 중심을 지나는 3개의 선을 그려서 원을 6칸으로 만듭니다 (정확히 같지 않아도 상관없지만, 최대한 비슷하게 만들어 보세요).

3 각 칸을 차례대로 빨간색, 주황색, 노란색, 녹색, 파란색, 보라색으로 칠하세요.

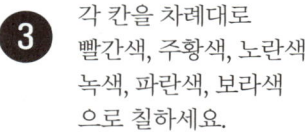

게임 속 과학

아주 빠르게 돌리면 원이 하얗게 변하는 굉장히 놀라운 광경을 볼 수 있을 것입니다. 왜 그럴까요?
빛은 파동으로 이동합니다. 파동의 길이를 파장이라고 하는데, 빛은 파장에 따라 다른 색깔을 띕니다. 가령, 파란빛은 빨간빛보다 파장이 짧습니다. 우리가 보는 백색광은 모든 파장의 빛이 합쳐진 것입니다. 회전하는 원이 흰색으로 보이는 이유도 모든 색깔의 빛이 합쳐져 보이기 때문입니다.

4 연필을 원의 중앙에 꽂습니다 (너무 어려우면 어른에게 부탁해서 먼저 구멍을 뚫으세요. 구멍이 너무 크지 않아야 합니다. 연필이 구멍에 헛돌지 않도록 주의하세요).

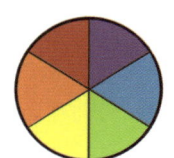

이제 팽이처럼 돌린 후 무슨 일이 일어나는지 보세요!

아슬아슬~ 균형 잡는 나비

머리로 균형을 잡는 신기한 나비를 만들어 봅시다. 마치 마술처럼 말이죠!

몇 명이든 상관없어요.

준비물

- 마분지(너무 얇아서 휘어지는 것 말고, 충분히 빳빳한 두께의 종이)
- 마커펜
- 가위
- 연필
- 작은 동전 2개
- 셀로판테이프

게임 방법

1 마분지에 아래와 같은 나비 모양을 그립니다. 날개의 윗부분은 머리보다 높아야 합니다.

2 나비를 장식한 후 가위로 조심스럽게 잘라 냅니다.

3 나비를 뒤집고, 작은 동전 2개를 날개 위쪽 끝에 테이프로 고정합니다.

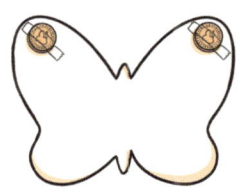

4 이제 나비를 손가락이나 연필, 심지어 코에 대고 균형을 잡을 수 있도록 연습합니다.

어떻게 하는 거야!?

게임 속 과학

나비가 균형을 잡을 수 있는 건 날개 끝에 동전을 달아 더 무겁게 만들었기 때문입니다. 나비의 날개가 너무 커 보이지만 머리 너머로 뻗어 있어서 나비의 나머지 부분과 균형을 이룹니다.
무게 때문에 나비는 중앙이 아닌 날개 앞쪽 부분에서 균형을 이룹니다.

55 깡충깡충 '점프 콩'

실제로 점프하는 콩은 멕시코에서 볼 수 있습니다.
콩 안에 사는 작은 새끼 곤충이 콩을 이리저리 뛰어다니게 만든다고 해요.
하지만 걱정하지 마세요. 우리가 만들 점프 콩에는 벌레가 없어요!

게임 방법

1. 포일을 폭 6cm, 길이 8cm 크기로 자릅니다. 테이블과 같은 단단한 표면 위에 평평하게 펴서 부드럽게 누릅니다.

2. 원통형 물체를 포일 위에 놓고 굴려서 감쌉니다. 그런 다음, 물체를 빼내면 원통 모양의 포일이 남습니다.

몇 명이든 함께 할 수 있어요.

3. 원통 포일에 구슬을 넣은 다음, 양 끝을 접어서 입구를 막습니다(조금 지저분해도 상관없습니다).

4. 이제 구슬이 들어 있는 원통 포일을 식품 용기에 넣고 뚜껑을 닫습니다. 약 10초간 식품 용기를 흔듭니다. 구슬은 원통 포일의 끝을 곡선형으로 매끄럽게 만들어서 콩 모양이 됩니다.

준비물
- 알루미늄 포일 또는 은박의 초콜릿 포장지
- 구슬
- 가위
- 립밤 튜브나 큰 마커 펜과 같이 구슬보다 약간 더 넓은, 원통 모양의 물체
- 뚜껑이 있는 식품 용기

5. 이제 점프 콩이 준비되었습니다! 손바닥 위나 완만한 경사에서 굴리면 뒤집히고 점프하는 콩을 볼 수 있습니다.

게임 속 과학
콩은 구슬 안에서 자유롭게 굴러다니기 때문에 이상한 방식으로 움직입니다. 경사면에서 구슬은 포일로 만든 콩 안에서 굴러다니며 끝부분에 부딪혀 뒤집힙니다.

56 별자리 원판

별자리는 밤하늘에 있는 별들의 패턴으로, 우리는 그것이 어떻게 생겼는지에 따라 이름을 붙입니다. 이 활동을 통해 침실 벽에 멋진 별자리를 만들 수 있습니다.

게임 방법

1 판지에 동그란 물건을 대고 그린 다음, 오립니다.

2 오린 판지 원마다 원하는 별자리를 선택해 조심스럽게 옮겨 그립니다. 별은 점으로 그리고, 각 점은 선으로 연결합니다. 이런 식으로 별자리 이름을 추가해도 좋습니다.

몇 명이든 함께 할 수 있어요.

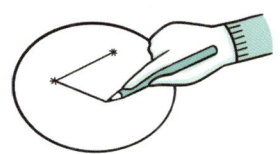

3 어른의 도움을 받아 꼬챙이나 바늘 등으로 점을 모두 뚫습니다.

4 이제 별자리를 밝힐 수 있습니다! 어두운 방에서 손전등 앞에 각 카드를 대고 벽을 향해 빛을 비춥니다. 별을 연결하는 선이 없어도 별자리를 알아볼 수 있습니까?

준비물

- 판지(시리얼 상자· 같은 식품 상자가 좋아요.)
- 지름이 약 10cm인 둥근 물체
- 연필
- 가위
- 꼬챙이 또는 두꺼운 바늘
- 책이나 인터넷에 있는 별자리 사진
- 손전등

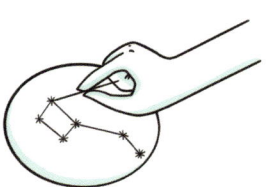

게임 속 과학

별자리는 패턴처럼 보이지만 실제로 별은 무작위로 흩어져 있습니다. 별자리의 별은 서로 전혀 가깝지 않으며, 일부는 다른 별보다 훨씬 더 멀리 떨어져 있기도 합니다. 그러나 우리의 뇌는 항상 임의의 패턴으로 친숙한 모양을 찾으려 하므로 별에서 그림과 모양을 발견하는 것이죠.

57 공기 대포

나만의 '공기 대포'를 만들어 봅시다.
'소용돌이 대포'로 알려진 유명한 대포랍니다.

> 꼬챙이와 같이 날카로운 물건을 사용할 때는 어른에게 도움을 요청하세요.

준비물
- 작은 음료수 페트병
- 풍선
- 잘 드는 가위
- 셀로판테이프
- 도미노 또는 휴지심과 같은 목표물

게임 방법

1 어른의 도움을 받아 가위로 페트병 바닥 끝부분을 자르세요.

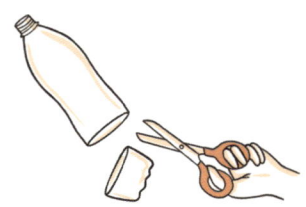

2 풍선의 입구 부분을 잘라내고, 페트병 바닥 끝부분에 씌운 다음 위로 늘립니다. 잡을 수 있게 풍선 중앙을 약간 느슨하게 둡니다.

3 테이프로 풍선을 단단히 고정하세요.

4 공기 대포가 준비되었습니다! 공기를 채워 넣으려면 풍선을 몸쪽으로 당겨 늘인 다음, 손을 놓으세요. 공기는 페트병 입구에서 발사돼 앞을 막는 모든 것에 부딪힐 것입니다.

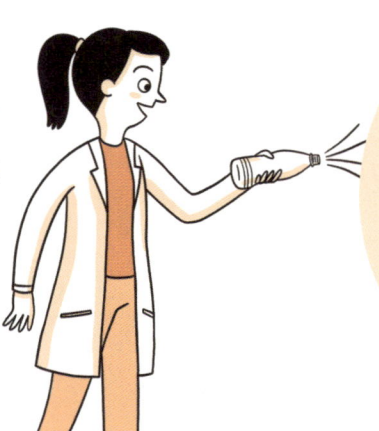

게임 속 과학
풍선을 뒤로 당기면 공기 대포는 다시 공기를 빨아들입니다. 그런 다음, 손을 떼면 내부의 공기가 좁은 페트병 입구를 통해 고속으로 뿜어져 나옵니다!

이렇게도 해보세요!
페트병이 없으면 큰 종이컵으로도 공기 대포를 만들 수 있습니다. 컵 바닥에 약 4cm의 작은 구멍을 냅니다. 컵 반대편을 풍선으로 씌웁니다. 어른의 도움을 받아 향이나 모기향 연기를 공기 대포 안에 채운 뒤, 공기를 발사해 봅시다. 공기가 어떤 모양으로 발사되는지 눈으로 확인할 수 있습니다.

58. 색종이 축포

꽃가루가 펑~! 풍선과 색종이를 활용해 초간단 축포를 만들 수 있어요.

준비물

- 깨끗한 휴지심
- 풍선
- 자
- 가위
- 셀로판테이프
- 색종이 조각 또는 신문, 포장지, 오래된 카드를 잘게 조각낸 것 등등

게임 방법

1 풍선 입구를 묶습니다(먼저 풍선을 불지 마세요!). 그런 다음, 풍선의 가운데를 반으로 자릅니다.

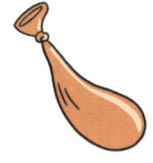

2 잘라낸 풍선 입구를 휴지심 한쪽 끝에 씌우고 테이프로 고정합니다.

3 휴지심 안에 색종이 조각을 넣습니다. 풍선을 아래로 당기고 조준한 후 발사합니다!

팡!

59. 종이비행기 발사대

이 발사대는 고무 밴드를 사용해 에너지를 저장합니다. 발사하면 고무줄이 뒤에서 튀어나오며 비행기를 앞으로 밀어 줍니다!

> 인원수에 상관없이 각자 하나씩 만들어 보세요.

게임 방법

1 기본적인 화살 모양 비행기를 몇 개 만듭니다. 먼저, 종이를 세로로 반을 접었다가 다시 펼칩니다.

2 한쪽 끝 양쪽 모서리를 가운데가 맞닿게 접습니다.

준비물

- 종이와 스테이플러
- 종이와 거의 같은 크기의 얇은 판지
- 길이가 약 15~18cm인 대형 고무 밴드

3 그런 다음 양쪽 옆면을 다시 접어 가운데를 맞춥니다.

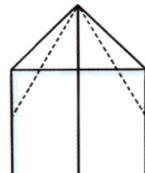 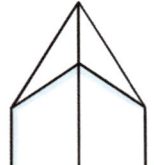 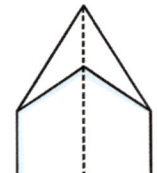

4 반으로 접고 양옆을 접어서 날개를 납작하게 만듭니다.

5 발사대를 만들려면 판지를 가로로 반을 접습니다.

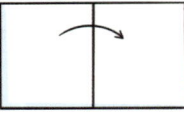

6 두 면을 다시 반으로 접습니다.

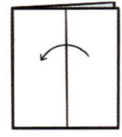

7 그런 다음, 측면 덮개를 다시 반으로 접습니다.

여기에 고무줄을 스테이플러로 고정합니다.

8 고무 밴드를 발사대에 그림처럼 감습니다. 그런 다음, 고무 밴드 안쪽 접힌 부분에 종이 비행기를 끼웁니다.

9 발사대 앞쪽을 한 손으로 고정하고, 다른 한 손으로 비행기의 끝부분을 부드럽게 잡아당겨 비행기를 날립니다.

60 놀라운 원통 비행기

종이 원통이지만 비행기처럼 날아갑니다!

준비물

- 종이 1장
- 셀로판테이프
- 컵이나 병과 같은 원기둥 모양의 물체

게임 방법

1 종이의 긴 쪽을 세로로 하여 3등분으로 접습니다.

2 접힌 부분을 따라 꾹꾹 눌러 주세요.

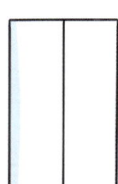

3 접힌 부분을 반으로 접고 단단히 누른 다음, 접힌 부분을 다시 반으로 접습니다. 총 3번 접는 거예요!

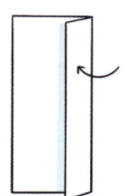

4 이제 종이띠를 원통 모양의 물체에 감싸서 안쪽으로 접은 상태로 곡선을 만듭니다.

5 접은 부분 한쪽 끝을 다른 쪽 안쪽에 끼우고 원통형으로 만들어 테이프로 고정합니다.

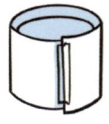

6 준비되었습니다! 날리려면 접힌 쪽이 앞으로 오게 하고, 날개를 공중에 들어 아주 약간 위쪽으로 향하게 합니다. 비행기 아래쪽을 손으로 잡은 다음, 밀 듯이 원통 비행기를 날려 보세요.

게임 속 과학

날개가 앞으로 나아갈 때 공기는 날개의 위아래로 흐르는데, 날개의 모양에 의해 날개 위쪽의 기압이 아래쪽보다 낮아집니다. 덕분에 아래쪽에서 위쪽으로 날개를 밀어 올리는 양력이 생기죠.

원통 모양의 날개를 밀어서 날리면, 날개 주변을 흐르는 공기에 의해 날개가 살짝 아래로 밀리는데, 이때 날개 아래쪽의 기압이 위쪽보다 높아지면서 다시 들어 올리는 힘이 생깁니다. 또한 원통은 추력*으로 발생한 공기의 흐름을 유지하도록 도와주기 때문에 멀리 날아갈 수 있습니다.

* 추력 : 물체를 운동 방향으로 밀어붙이는 힘. 프로펠러의 회전 또는 분사 가스의 반동에 의하여 생기는 추진력을 이른다.

61 지상 최대의 줄타기 쇼

줄타기 쇼에 코르크를 등장시킬 수 있을까요?
물론이죠. 방법을 안다면 그리 어려운 일도 아닙니다.

친구에게 도전하고,
어떻게 그렇게 했는지
보여 주세요.

날카로운 꼬치 막대를
사용할 때나 끈을 묶을 때는
어른에게 도움을 요청하세요.

준비물

- 코르크나 중간 크기의 지우개
- 끈
- 꼬치 막대 2개
- 접착 점토, 공예용 점토나 작은 지우개

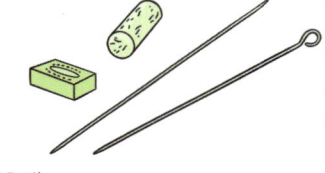

게임 방법

1 옷걸이, 창문 잠금장치 또는 계단 난간 등 두 개의 고정된 물체 사이에 끈을 묶습니다 (가구는 움직이거나 넘어질 수 있으므로 사용하지 마세요). 어른에게 도움을 요청하세요. 끝은 팽팽하거나 약간 느슨해도 괜찮습니다.

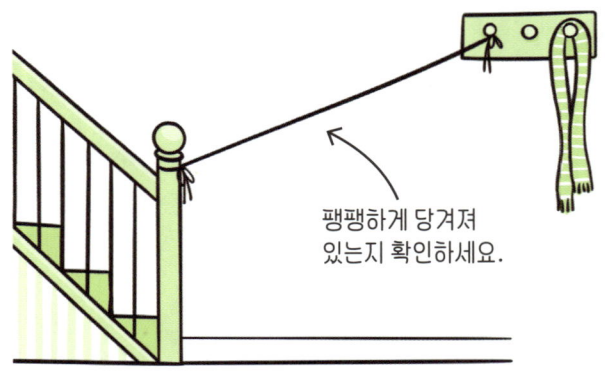

팽팽하게 당겨져
있는지 확인하세요.

② 이제 친구나 가족과 함께 줄타기 선수처럼 줄 위에서 코르크나 지우개의 균형을 맞추는 시합을 하세요. 그들은 성공했나요? (아마 할 수 없을 걸요?!)

③ 하지만 여러분은 할 수 있습니다! 코르크나 지우개의 양옆에 각각 꼬치 막대를 아래쪽으로 비스듬히 꽂습니다. 그런 다음, 점토나 작은 지우개 같은 추를 막대 끝에 답니다.

다시 균형을 잡아 보세요!

게임 속 과학

코르크나 지우개는 더 무거워졌지만 균형을 잡기는 더 쉬워졌습니다! 그 이유는 줄 위의 코르크나 지우개의 무게보다 줄 밑의 꼬치 꽂이와 거기에 단 추가 더 무겁기 때문입니다. 줄 아래쪽의 무게가 코르크나 지우개를 줄 위에 똑바로 서 있도록 끌어당기기 때문에 기울어지지 않습니다. 하지만 이리저리 흔들리게 만들 수는 있습니다.

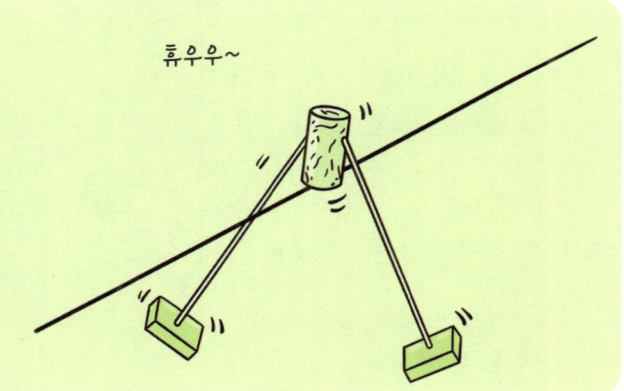

휴우우~

이렇게도 해보세요!
코르크나 지우개에 옷과 얼굴을 달거나 그려서 예쁘게 꾸며 보세요!

이게 더 좋은데! 왜 그런지 알겠어!

62 공포의 투석기

옛날 군대는 거대한 투석기를 사용하여 적의 성을 무너뜨렸습니다.
작은 투석기를 만들어 똑같이 해볼까요?

나만의 성을 만들어 보세요. 또는 누가 먼저 상대방의 성을 무너뜨릴 수 있는지 친구와 경쟁해 보세요.

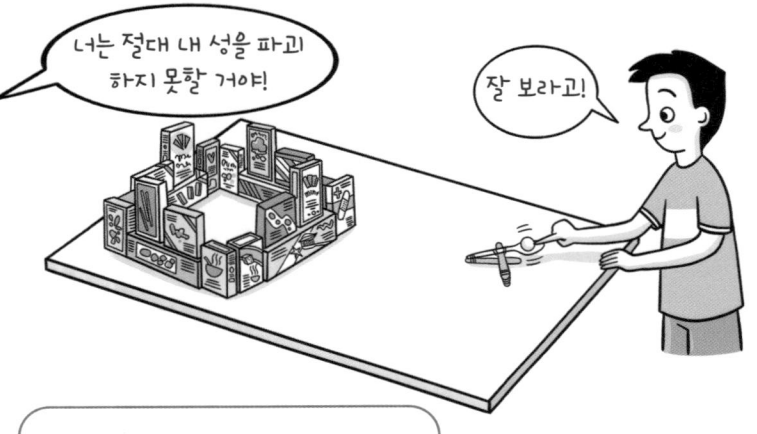

게임을 할 때 주변에 어른이 있는지 확인하고, 사람이나 동물 또는 부서질 수 있는 것을 향해 투석기를 발사하지 마세요.

준비물

- 나무로 만든 아이스크림 막대 9개
- 고무줄 6개
- 강한 플라스틱, 나무 또는 금속 티스푼
- 점토, 작은 지우개 또는 미사일을 만들 알루미늄 포일
- 작고 가벼운 골판지 상자
- 셀로판테이프

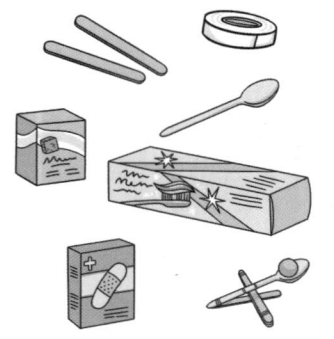

게임 방법

1 아이스크림 막대 7개를 겹겹이 쌓아 고무줄 2개로 양 끝을 각각 감습니다.

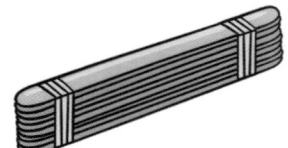

2 나머지 막대 2개를 겹쳐 고무줄로 한쪽 끝만 단단히 감습니다.

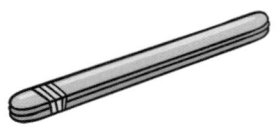

3 2번 과정의 두 막대 사이에 막대 7개를 교차하여 끼웁니다.

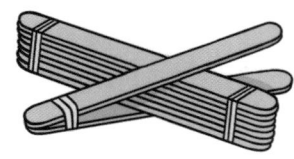

④ 막대가 교차하는 부분에 고무 밴드를 여러 번 감아 제자리에 단단히 고정합니다.

⑤ 마지막으로, 고무줄 2개를 사용해 티스푼을 위쪽 막대에 고정합니다.

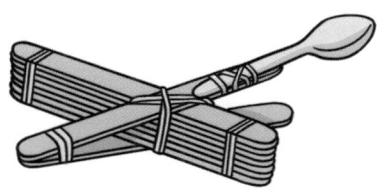

⑥ 상자들로 간단한 성 또는 성벽을 만듭니다.

⑦ 미사일을 준비하세요. 작은 지우개, 부드러운 공예 점토 공 또는 포일을 단단히 뭉쳐 만든 대포알 등을 사용할 수 있습니다.

⑧ 투석기를 사용하려면 티스푼에 미사일을 놓고, 투석기를 안정적으로 잡은 다음, 티스푼을 아래로 눌렀다가 놓습니다.

게임 속 과학

티스푼을 아래로 누르면 고무줄이 늘어나면서 탄력 있는 나무 막대도 약간 구부러집니다. 손을 떼면 숟가락이 위로 튕겨 올라옵니다. 티스푼은 투석기에 붙어 있어서 곧 멈추지만, 미사일은 날아갑니다!

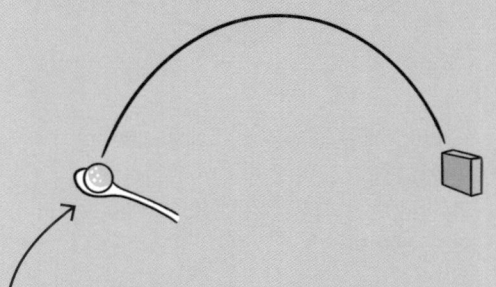

미사일은 공중으로 곡선을 그리며 날아갑니다. 이것을 '궤적'이라고 합니다. 몇 번 시도한 후에 티스푼을 아래로 누르는 정도에 따라 발사 거리를 조절할 수 있습니다. 이제 성을 맞혀 보세요!

63 슈퍼 도약대

무모한 레이서처럼 이 도약대에서 장난감 자동차를 운전하세요! 얼마나 멀리 날 수 있습니까?

혼자 해도 되지만 참가자가 많을수록 좋습니다.

어른에게 상자 자르는 것을 도와 달라고 하세요. 장난감 자동차가 점프할 때는 도약대 근처에 사람이나 동물이 없는지 확인하세요.

준비물
- 크고 부드럽고 얇은 골판지
- 중간 크기의 골판지 상자
- 더 긴 골판지 상자
- 마커펜
- 강력하고 날카로운 가위
- 강력한 테이프
- 장난감 자동차

게임 방법

1 첫 번째 상자를 꺼내 윗부분의 모든 덮개를 조심스럽게 잘라 냅니다.

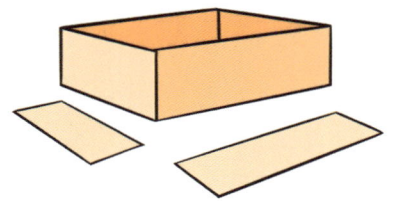

2 상자의 한쪽 면을 따라 곡선을 그리고 어른에게 잘라 달라고 부탁합니다.

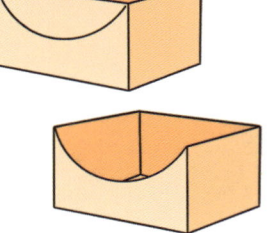

3 잘라 낸 곡선 부분을 상자의 반대쪽 면에도 대고 그려서 양쪽이 똑같은 형태로 만듭니다. 그런 다음, 그쪽도 잘라 냅니다.

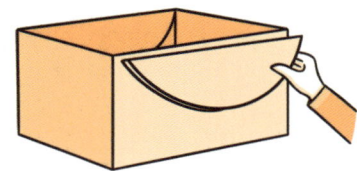

4 이제 부드럽고 얇은 판지를 살살 구부려서 상자의 윗면에 맞춥니다. 일치하지 않으면 잘 맞게 자른 다음, 테이프로 고정합니다.

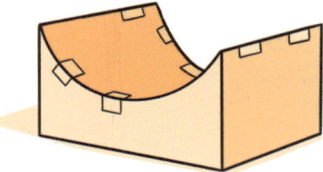

5 마지막으로, 장난감 자동차가 급강하할 수 있도록 긴 경사로를 추가해야 합니다. 더 긴 골판지 상자를 가져와 한 면을 잘라 냅니다. 잘라 낸 골판지 판의 양면을 약 2.5cm씩 접습니다.

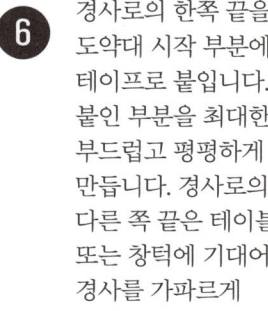

6 경사로의 한쪽 끝을 도약대 시작 부분에 테이프로 붙입니다. 붙인 부분을 최대한 부드럽고 평평하게 만듭니다. 경사로의 다른 쪽 끝은 테이블 또는 창턱에 기대어 경사를 가파르게 만듭니다.

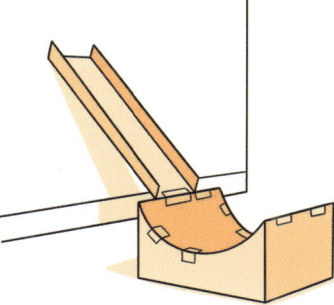

7 자동차가 출동할 준비가 되었습니다! 경사로 꼭대기에서 자동차를 잡고 있는 손을 놓으면 무슨 일이 일어나는지 보세요!

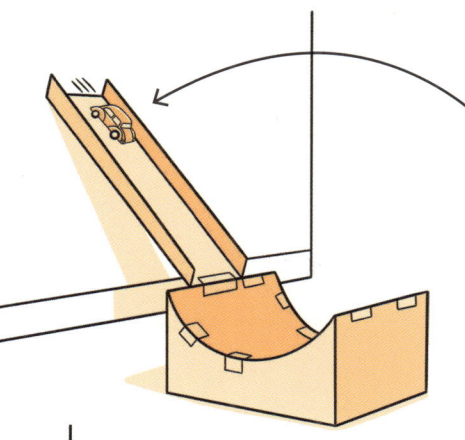

경사로의 다른 위치에서 자동차를 굴려 보세요. 점프하려면 얼마나 높은 위치에서 굴려야 할까요? 자동차를 점프시키고, 안전하게 착륙시켜 계속 앞으로 나아가게 할 수 있습니까?

게임 속 과학

도약대는 중력에 의한 가속도로 작동합니다. 물체가 구르거나 내리막을 따라 굴러가기 시작하면 처음엔 천천히 움직입니다. 그러나 계속 구르면서 점점 빨라지거나 가속합니다. 긴 경사로를 통해 자동차는 도약대를 타고 솟아오를 수 있을 만큼 속도를 낼 수 있습니다.

64 기차 연주기

배터리로 움직이는 장난감 기차를 사용해 자동 음악 기계를 만들어 보세요.

게임 방법

1 병이나 유리컵에 물의 양을 다르게 채워서 하는 실험입니다. 숟가락으로 살살 치면 물의 양에 따라 다른 음이 들립니다.

> 혼자 해도 좋고, 함께 만들어도 재미있습니다.

2 물의 양이 각각 다르게 담긴 병이나 유리컵을 순서대로 치면 곡이 연주되도록 한 줄로 세웁니다. 알고 있는 노래를 따라 하거나 직접 새로운 노래를 만들어 보세요.

준비물

- 배터리로 움직이는 장난감 기차 및 기찻길(작은 기차보다는 크고 무거운 기차가 더 좋습니다.)
- 깨끗한 유리병이나 유리컵 약 10개(그 이상도 괜찮아요.)
- 고무줄 또는 강력한 테이프
- 긴 숟가락
- 물
- 널찍한 빈 공간

③ 기차로 병을 쳐서 노래를 재생하려면 기차에 숟가락을 붙여야 합니다. 기차 바퀴 사이에 공간이 있다면 기차 가운데에 고무줄을 감습니다. 숟가락을 약간 뒤로 향하게 하여 고무줄에 끼우고, 양쪽으로 튀어 나오게 합니다(또는 테이프를 사용해 고정합니다).

④ 기찻길을 직선이나 원 혹은 자신이 원하는 모양으로 놓습니다. 기차가 쓰러지지 않고 기찻길을 따라 달릴 수 있는지 테스트합니다. 쓰러진다면 숟가락을 조정하거나 더 가벼운 숟가락을 찾으세요.

⑤ 테스트가 성공했다면 병을 기차의 선로 가까이에 정렬해서 세웁니다. 기차에 시동을 거세요. 기차가 지나가면서 숟가락으로 병을 두드리고, 음악이 재생됩니다!

게임 속 과학

병이나 유리컵에 물을 채울수록 음이 낮아지는 이유는 무엇입니까? 유리의 진동으로 음이 만들어지기 때문입니다. 유리 주위에 공기가 많을수록 더 높은음을 만듭니다. 물을 더 넣으면 빠르게 진동하지 못해서 낮은음이 만들어집니다.

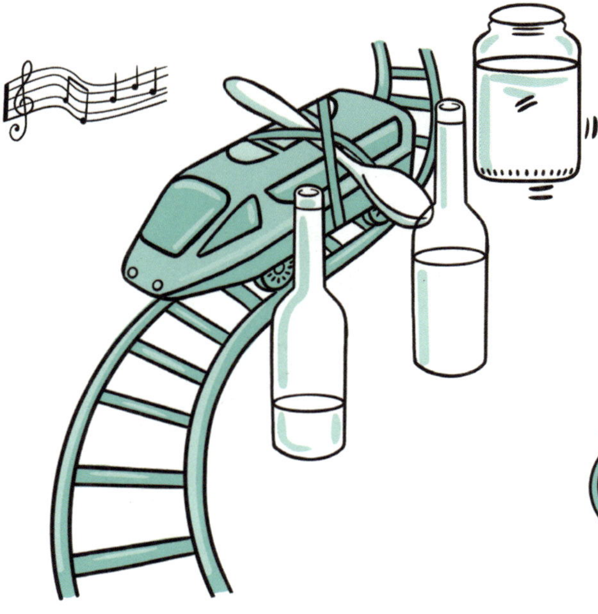

구슬 경주

종이 원통을 활용해서 나만의 구슬 경주장을 만들어 보세요.

준비물

- 화장지, 키친타월이나 포일에서 얻을 수 있는 여러 개의 종이 원통
- 셀로판테이프
- 가위
- 구슬
- 대형 냉장고 또는 방문과 같은 평평한 수직면
- 바닥에 떨어지는 구슬을 잘 담을 수 있는 작은 플라스틱 식품 용기나 상자

혼자 해도 되지만 팀으로 하면 더 재미있습니다.

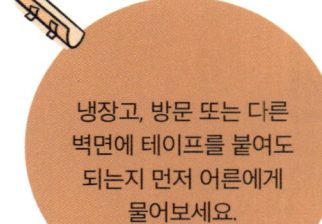

냉장고, 방문 또는 다른 벽면에 테이프를 붙여도 되는지 먼저 어른에게 물어보세요.

게임 방법

1 게임 목표는 종이 원통을 붙이고, 꼭대기에서 구슬을 굴리며 시작해서 한 원통에서 다음 원통으로 통과하며 바닥까지 도착하도록 하는 것입니다.

2 원통을 통째로 쓰거나 반으로 잘라서 써도 됩니다.

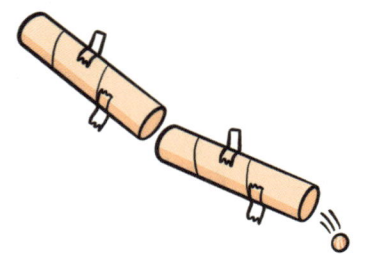

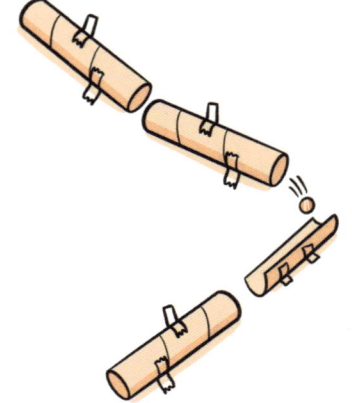

3 이렇게 서로 간격을 두고 원통을 붙입니다. 그러면 구슬은 빠르게 굴러가며 통 사이를 건너뛸 것입니다!

4 원하는 길이로 자르거나 2개의 원통을 연결해 더 긴 통로로 만들 수 있습니다.

5 각 통로를 수직면에 테이프로 붙입니다. 통로를 기울어지게 붙여서 구슬이 아래로 굴러 다음 통로로 떨어지게 합니다.

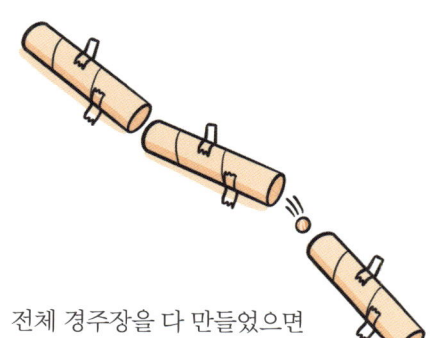

6 전체 경주장을 다 만들었으면 위에서 구슬을 굴려 아래로 내려가는 모습을 지켜보세요!

게임 속 과학

구슬 경주장을 만들면 중력과 중력이 어떻게 물체를 아래로 잡아당기는지 알 수 있습니다. 통로의 경사를 매우 완만하게 만들면 구슬은 천천히 굴러갑니다. 급경사에서는 속도가 점점 빨라집니다. 하지만 조심하세요. 너무 빠르면 통로에서 튕겨 나올 수 있습니다! 구슬을 굴려 보면서 원통의 기울기를 조정합니다.

이렇게도 해 보세요!
여러분의 구슬은 얼마나 멀리 떨어진 통로까지 점프할 수 있습니까?
구슬이 부딪힐 때 소리를 내거나 회전하는 부품을 추가할 수도 있습니까?
종이컵이나 원뿔, 또는 철사와 같은 다른 부품도 사용해 보세요.
마땅한 벽이나 방문이 없으면 네트망을 세우고 빵끈으로 원통형 종이를 고정해 구슬을 떨어뜨릴 수도 있습니다.

유용한 팁! 골인 지점부터 시작해 위쪽으로 거꾸로 만들어 가는 것이 더 쉽다고 하는 이들도 있습니다.

66 루브 골드버그 장치

'루브 골드버그Rube Goldberg'는 화가이자 조각가이며, 그의 이름을 딴 터무니없는 장치로 유명합니다. 루브 골드버그 장치는 각각의 물체가 움직여 다음 물체를 작동시키도록 설정된 일련의 장치입니다.

예를 들어

- 구슬이 원통을 타고 아래로 굴러가면……

- 도미노를 넘어뜨리고……

- 마지막 도미노는 테이블 밑으로 원통을 굴리고……

- 시소 위에 떨어져 다른 쪽을 들어 올리고……

- 그것이 판을 들어 올리면 자동차는 경사면을 따라 내려가고……

- 핀이 달린 마분지에 부딪히면…… 앞으로 나아가서 풍선이 터집니다!

준비물

- 바닥이나 넓은 책상과 같이 작업할 수 있는 깨끗하고 편평한 공간
- 가위, 풀, 셀로판테이프와 같은 공예 도구
- 많은 시간!
- 자신만의 루브 골드버그 장치를 만들기 위한 일상적인 물건과 재료
  (여기에는 다음과 같은 것도 포함될 수 있습니다.)

종이 및 마분지	풍선
아이스크림 나무 막대	종이 클립
휴지심	모루(털실이 감긴 철사)
끈	폼 양면테이프
고무 밴드	동전
종이컵	구슬
각설탕	다양한 높이를 만들 상자와 책
장난감 자동차들	

게임 방법

1. 루브 골드버그 장치의 가장 큰 장점은 무엇을 할지 여러분에게 달려 있다는 것입니다! 물체를 움직이게 하는 다양한 방법과 아이디어를 실험해 순서에 따라 다음 단계가 시작되도록 합니다.

집 주변의 물건이나 재료를 사용해도 괜찮은지 어른에게 물어보세요.

2. 먼저, 아이디어를 종이에 적거나 그려 보거나, 또는 바로 시작할 수도 있습니다.

3. 전체 과정의 끝에서 시작점으로 거꾸로 작업하는 편이 더 쉬울 수 있습니다.

4. 장치가 완벽하게 작동할 때까지 계속 테스트하고, 각 단계를 조정하세요(먼저 몇 단계만 있는 간단한 장치를 만들고, 나중에 더 복잡한 장치로 옮기는 것이 좋습니다).

5. 준비되면 친구와 가족에게 자랑하세요. 동영상도 만들 수 있습니다.

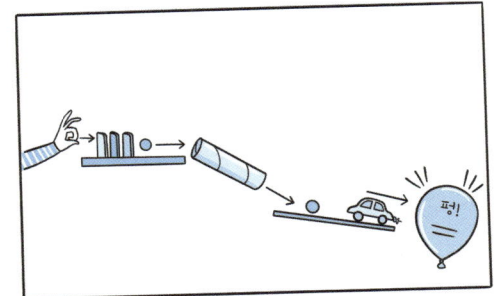

게임 속 과학

루브 골드버그 장치에는 중력, 마찰, 가속, 균형, 관성, 기압 등을 포함한 모든 종류의 과학이 포함될 수 있습니다. 그것은 여러분이 장치를 어떻게 만드는가에 달려 있습니다!

6장

함께 하면 더욱 즐거운 단체 게임

67 종이비행기 에어쇼

'종이비행기 에어쇼'를 열어서 최고의 비행기를 만들고 누구의 비행기가
가장 오래 날 수 있는지 경쟁해 보세요.

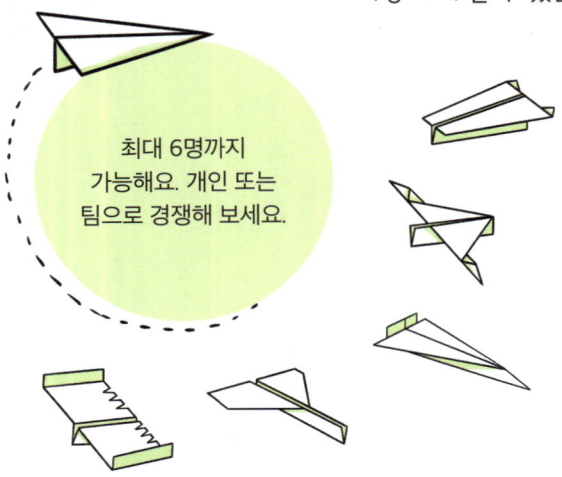

최대 6명까지
가능해요. 개인 또는
팀으로 경쟁해 보세요.

준비물

- 많은 양의 종이(가능하면 이면지를 재사용하세요.)
- 넓은 실내 공간
- 줄자, 연필, 종이
- 가위
- 테이프
- 접착 점토, 종이 빨대 또는 종이 클립 (선택 사항)

게임 방법

1 먼저 참가자나 팀은 자신의 종이비행기를 만듭니다. 충분한 시간을 들여 다양한 디자인을 시도하고, 테스트하고, 개선하세요.

2 모든 사람이 준비되면 돌아가면서 비행기가 바닥에 닿기 전까지 얼마나 멀리 나는지 확인합니다.

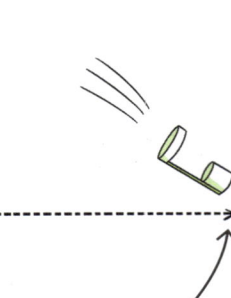

비행기를 날리기 전에
바닥에 테이프를 붙여
출발선을 표시합니다.

비행기가 착륙한
위치를 확인하고 출발선
으로부터의 거리를
측정합니다.

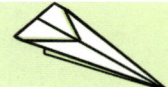 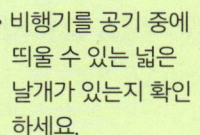

게임 속 과학

- 종이비행기는 대칭(양쪽이 정확히 같은 상태)일 때 가장 잘 날 수 있습니다.
- 비행기 앞부분에 약간의 무게를 추가하면(너무 무겁지 않게!) 공기 저항을 극복하고 더 빨리 날 수 있습니다.
- 비행기를 공기 중에 띄울 수 있는 넓은 날개가 있는지 확인하세요.
- 날개의 뒤쪽 가장자리를 약간 위아래로 접어 보조 날개를 만들어 보세요. 보조 날개는 공기의 흐름을 제어하고, 더 잘 날아가는 데 도움이 됩니다.

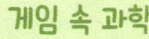 

다음은 몇 가지 아이디어와 힌트입니다.

비행기 종류

기본적인 다트 모양(106쪽 참조), 원통 날개(107쪽 참조), 또는 다음과 같은 주먹코 형태와 같이 다른 모양을 바탕으로 디자인하세요.

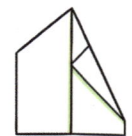 

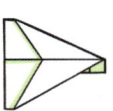 

추가 재료

원한다면 종이 빨대, 종이 클립, 테이프와 접착 점토를 사용하세요. 이 재료를 사용해 다른 디자인의 비행기를 만들거나 다른 부분에 무게를 추가하세요.

던지는 스타일

던지는 방법도 실험하는 것을 잊지 마세요. 비행기를 세게 던져도 잘 날지 못한다면 부드럽게 던져 더 멀리 보낼 수 있습니다. 28쪽의 발사대를 사용해 보거나 자신만의 발사대를 디자인할 수 있습니다.

또는 자신만의 새로운 모양과 디자인을 만들거나 여러 아이디어를 합칠 수도 있습니다. 예를 들어, 두 개의 원형 날개를 가진 비행기나, 원형 날개와 다트 형태를 결합한 비행기를 만들어 볼까요?

68 반짝이는 세균

세균은 너무 작아서 볼 수 없기 때문에 어디에 있는지 알 수 없습니다.
하지만 세균을 볼 수 있다면 어떨까요?

> 학교 수업이나 파티에서와 같이 많은 사람과 하는 것이 좋지만, 가족과 함께 집에서 할 수도 있습니다.

> 반짝이로 어질러져도 괜찮은지 확인해야 합니다. 게임을 하기 전에 꼭 주위 어른에게 물어보세요. 청소하기 쉬운 곳에서 하는 것이 가장 좋습니다.

준비물

- 자연적으로 분해되는 반짝이 한 통
- 세면대와 비누
- 향기가 없는 핸드 로션
- 티스푼

게임 방법

1 먼저 '세균 대장'을 1명 선택합니다. 세균 대장은 손에 핸드 로션 한 방울을 떨어뜨려 문지릅니다. 세균 대장이 로션을 바른 손을 내밀면 티스푼 절반 분량의 반짝이를 그의 손에 바릅니다. 그런 다음 세균 대장은 손을 반짝이로 뒤덮이게 비빕니다.

2 반짝이는 사람 손에 있는 세균과 같습니다. 이리저리 움직이거나, 물건을 줍거나, 다른 사람을 만지면 주변에 세균이 퍼집니다.

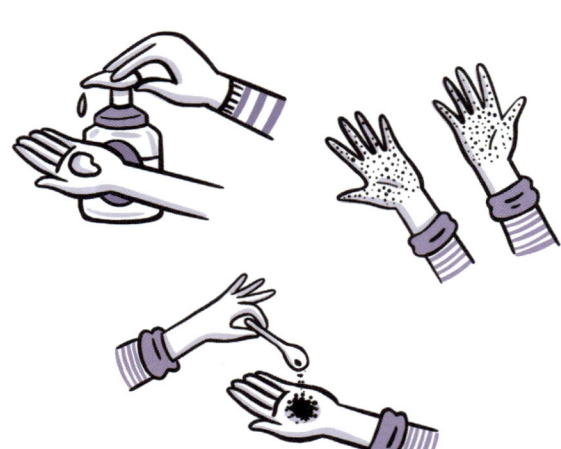

10~20분 동안 재미있는 놀이를 하세요.
다음과 같은 놀이도 좋습니다.

- 보드게임
- 블록 쌓기
- 공놀이

3 10~20분 후 반짝이가 있는지 확인합니다. 다른 사람들의 손이나 옷에 묻어 있나요? 갖고 논 물건에 묻어 있나요? 반짝이 조각은 아주 작아서 찾기 어려울 수 있으니까 자세히 살펴보세요.

4 마지막으로, 손에 반짝이가 묻은 사람은 세면대에서 비누와 물로 씻어야 합니다. 반짝이 조각을 모두 씻어내는 데 얼마나 걸리나요?

손가락 사이, 손톱 밑, 손등을 포함해 손 전체를 씻는 것을 잊지 마세요.

게임 속 과학

이번 게임은 세균이 한 사람에게서 다른 사람으로, 그리고 다른 사람들이 잡을 수 있는 물체와 표면에 얼마나 쉽게 퍼질 수 있는지 보여 줍니다. 그렇기 때문에 어떤 종류의 병균은 감염자와 가까이 있지 않아도 전염되기 쉽습니다.

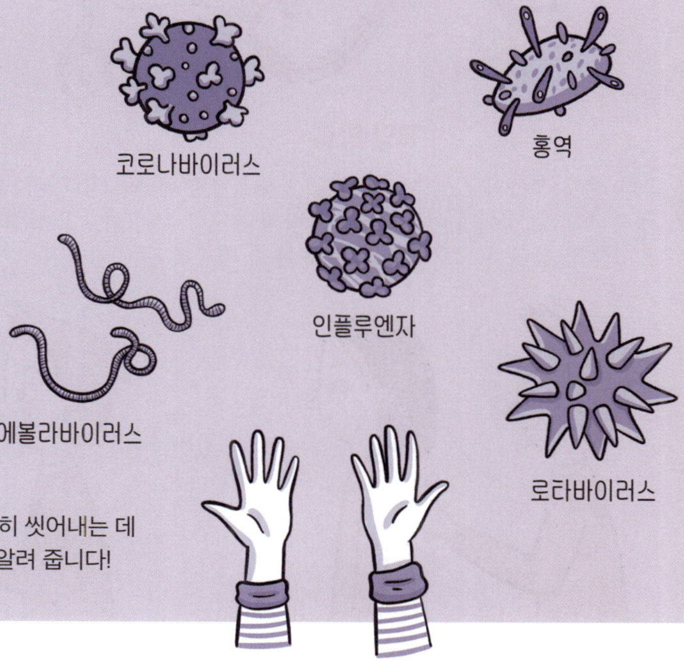

코로나바이러스

홍역

에볼라바이러스

인플루엔자

로타바이러스

이 게임은 손에서 세균을 완전히 씻어내는 데 얼마나 시간이 걸리는지도 알려 줍니다!

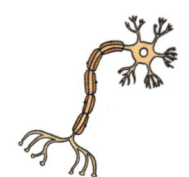 

69 신경세포 경주

이 게임은 뇌와 몸 전체에 신호를 전달하는 신경세포 또는 뉴런Neuron에 관한 것입니다.

신경세포란 무엇일까요?

신경세포는 신호를 전달하는 세포입니다. 사물을 감지하고, 생각하고, 결정을 내리고, 뇌를 사용해 신체를 제어할 때 발생하는 신호는 한 신경세포에서 다음 신경세포로 경로를 따라 이동합니다.

준비물

- 참가자들이 길게 줄을 서기에 충분한 공간

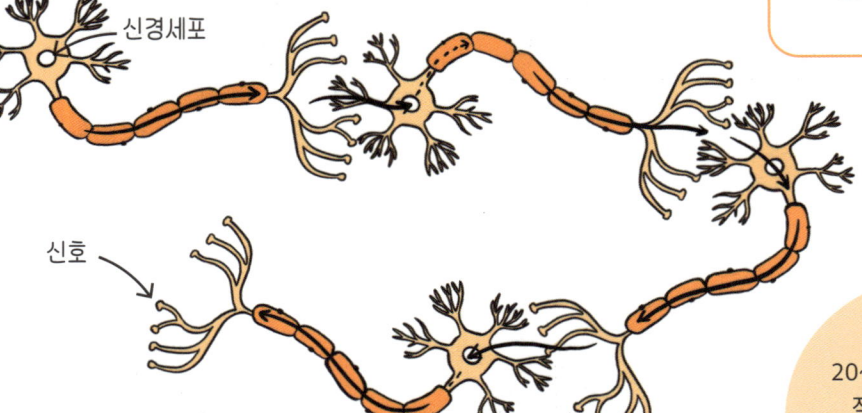

20~30명 이상 규모가 적당해요. 물론 더 적은 수로도 가능하지요.

게임 방법

1 게임을 시작하기 전에 시범을 보일 사람을 1명 선택합니다. 상대에게 등을 두드릴 것이며 이것을 느끼자마자 손뼉을 쳐야 한다고 설명합니다. 여러분은 등을 두드릴 때 상대편이 볼 수 없도록 뒤에 섭니다.

2 얼마나 빨리 해냈습니까? 등을 두드린 것과 그것을 느끼고 손뼉을 친 것 사이에 걸린 시간은 신호가 뇌로 전달되고, 뇌가 이것을 이해한 다음, 손으로 신호를 보내 손뼉을 치는 데 걸린 시간입니다. 이 과정을 위해 신호는 매우 많은 뉴런 사이를 통과해야 하지만, (전달 속도가 매우 빨라) 굉장히 빠르게 전달됩니다. 다른 사람들과도 함께 해 보세요.

뇌와 우리 몸 전체로 뻗어 있는 신경을 포함하는 신경계는 몸 전체와 뇌를 연결합니다. 신경계는 신호를 전달하는 신경세포로 구성됩니다.

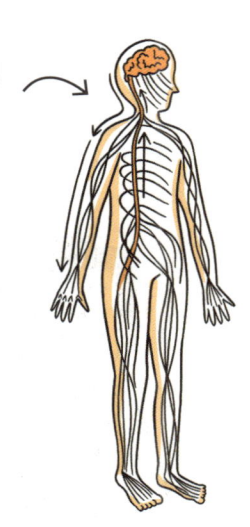

대부분 사람은 1초도 걸리지 않을 것입니다.

3 이제 신경세포 경주를 하기 위해 참가자들을 같은 수의 두 팀으로 나눕니다. 만약 전체 참가자 수가 홀수라면 모두 게임을 할 수 있도록 번갈아 가면서 하세요. 각 팀은 앞을 향해 일렬로 서서 각자 앞사람의 등 뒤에 섭니다.

4 셋을 센 후, 각 줄의 맨 뒤 시작점에 있는 사람은 앞 사람의 등을 두드립니다. 앞사람은 뒷사람이 등을 두드리는 것을 느끼면 바로 그다음 사람의 등을 두드립니다.

어떤 팀이 가장 빠르게 신호를 전달할까요?

게임은 정정당당하게 해야겠죠? 내가 느꼈을 때만 앞사람의 등을 두드리세요!

게임 속 과학

이 게임은 신경세포의 속도를 이용해 경주하는 것입니다. 한 줄로 늘어선 사람들은 서로 줄지어 있는 신경세포들처럼 작용하여 각 사람이 다음 사람에게 신호를 전달합니다.

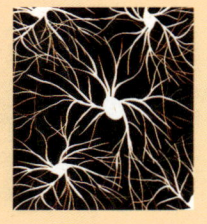

70 초능력 테스트

'E.S.P.'는 '초감각적 지각 Extra-Sensory Perception'의 줄임말로 흔히 초능력이라고 합니다. 정보나 단서 없이 다른 사람의 마음을 읽을 수 있거나 무언가가 숨겨져 있는 위치를 아는 것과 같은 것을 뜻합니다.

준비물
- 마분지
- 펜과 종이
- 마커펜
- 가위

최소 3명 이상, 참가자는 많을수록 좋습니다. 그러면 더 많은 테스트를 할 수 있으니까요.

물론 대부분 사람은 이것이 불가능하다고 말하지만, 일부 사람들은 할 수 있다고 주장합니다. 그래서 과학자들은 초능력이 정말 사실인지 확인하기 위한 테스트를 발명했습니다.

게임 방법

1 한 손에 들어가는 크기의 카드를 마분지로 10장 만듭니다. 5장의 카드 2세트를 만들고, 각 세트의 카드 한 면에 5가지의 다른 그림을 장식합니다.

   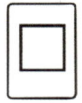 

2 게임을 할 때 참가자 두 사람은 서로 등을 마주하고 다른 사람은 심판으로 점수를 기록합니다.

3 각 참가자에게 카드 1세트를 줍니다. 첫 번째 참가자는 카드의 앞면을 손바닥으로 가게 해 둡니다. 또 다른 참가자는 카드의 앞면이 보이도록 해서 앞에 놓습니다.

④ 경기를 위해 심판은 '카드 1'이라고 말하고 종이에 '1'이라고 씁니다.

⑤ 첫 번째 참가자는 무작위로 카드를 선택해 펼쳐 봅니다. 그런 다음, 보고 있는 그림을 머릿속에 그려 다른 참가자에게 '보내기'를 시도합니다!

⑥ 다른 참가자는 상대가 보고 있는 카드를 추측해야 합니다.

⑦ 심판은 카드에 그려진 실제 그림과 참가자가 추측한 그림을 기록합니다.

⑧ 이것을 적어도 10회 반복합니다. 매번 첫 번째 참가자는 카드를 모두 섞고, 다시 선택합니다.

카드	추측
1. 사각형	별
2. 물결	사각형
3. 십자	물결
4. 십자	별
5. 원	원
6. 별	십자
7. 사각형	별
8. 물결	물결
9. 사각형	별
10. 물결	물결

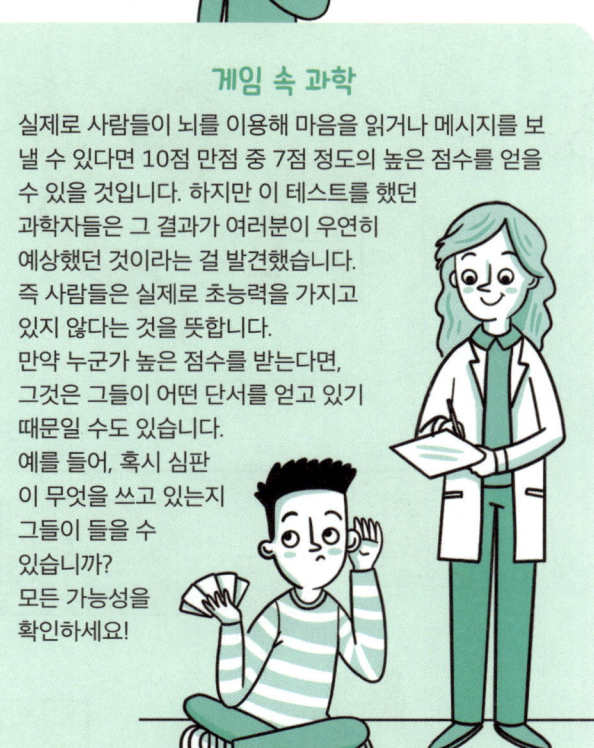

게임 속 과학

실제로 사람들이 뇌를 이용해 마음을 읽거나 메시지를 보낼 수 있다면 10점 만점 중 7점 정도의 높은 점수를 얻을 수 있을 것입니다. 하지만 이 테스트를 했던 과학자들은 그 결과가 여러분이 우연히 예상했던 것이라는 걸 발견했습니다. 즉 사람들은 실제로 초능력을 가지고 있지 않다는 것을 뜻합니다.
만약 누군가 높은 점수를 받는다면, 그것은 그들이 어떤 단서를 얻고 있기 때문일 수도 있습니다.
예를 들어, 혹시 심판이 무엇을 쓰고 있는지 그들이 들을 수 있습니까?
모든 가능성을 확인하세요!

⑨ 그런 다음, 결과를 확인하세요! 매번 추측이 맞을 확률은 5분의 1입니다. 따라서 약 2개의 정답을 맞힐 것으로 예상할 수 있습니다.

확실히 하려면 여러 사람과 테스트를 많이 반복해야 합니다.

71 로봇 프로그래밍하기

친구에게 로봇 역할을 맡기고 그들이 작업을 수행하도록 하는 프로그램을 만들어 보세요.

명령만 내리세요! 삐리비릿!

몇 명이든 상관없어요. 함께 프로그래밍하고, 교대로 로봇이 되어 보세요.

준비물

- 빈 공간
- 테이블
- 동전과 같은 작은 물건
- 의자나 커다란 종이 상자와 같이 장애물로 사용할 수 있는 몇 개의 깨지지 않는 물건
- 펜과 종이
- 눈가리개로 쓸 목도리나 스카프

게임 방법

1 로봇 역할을 하는 사람은 작업을 볼 수 없도록 방에서 나갑니다.

2 공간의 한쪽 끝에 테이블을 두고, 그 위에 동전이나 다른 작은 물건을 놓습니다. 로봇은 장애물을 피해 동전에 도착해야 합니다. 방에 간단한 장애물 코스를 만듭니다.

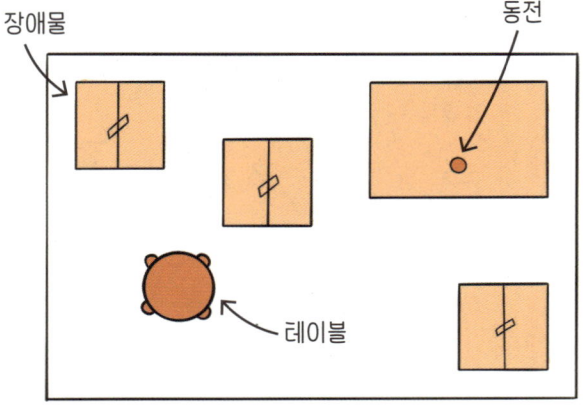

③ 시작 위치를 정합니다.

④ 그런 다음, 로봇은 시작 지점에서 출발해 장애물을 피하고 테이블에 도착해 동전을 집는 데 필요한 모든 명령어를 생각해 냅니다. 컴퓨터 코드처럼 명령어 목록을 적습니다.

> 세 걸음 앞으로.
> 오른쪽으로 도세요.
> 두 걸음 앞으로.
> 왼쪽으로 도세요.
> 두 걸음 앞으로.
> 왼쪽으로 도세요.
> 세 걸음 앞으로.

⑤ 프로그램에 만족한다면 로봇의 눈을 가리고 시작 지점에 세웁니다. 로봇이 명령에 따라 이동할 수 있도록 코드를 한 줄씩 읽습니다.

⑥ 로봇이 장애물에 부딪히거나 동전을 얻지 못하면 그 코드에는 버그가 있는 거예요!

⑦ 동전을 얻을 때까지 코드를 계속 고치고 테스트합니다.

게임 속 과학

컴퓨터와 로봇을 프로그래밍할 때는 완전하고 정확한 명령어를 사용해야 합니다. 명령어가 없으면 컴퓨터와 로봇은 아무것도 못 합니다. 코드에 문제나 버그가 있으면 로봇이 작동하지 않습니다. 그래서 프로그래머는 모든 것을 생각해 명령어가 올바른 순서로 작동하도록 만들어야 합니다. 생각보다 많은 명령어가 필요할 수 있습니다!

72 댄스 코딩

컴퓨터 안무가가 되어 보세요! 춤 동작을 위한 간단한 코딩 언어를 만든 다음, 시도해 보세요.

몇 명이든 함께 할 수 있어요.

게임 방법

1 3~4개의 간단한 춤 동작을 생각하고, 각 동작에 다음과 같이 번호를 붙입니다.

1. 점프   2. 끄덕이기   3. 웨이브   4. 박수

준비물
- 춤출 수 있는 공간
- 음악을 재생할 수 있는 기기
- 펜과 종이

2 춤추고 싶은 음악을 들으며 다양한 동작의 패턴을 만들어 춤을 춥니다. 한 박자에 한 동작을 맞춰 종이에 패턴을 적습니다.

3 동작을 반복하려면 곱셈 기호를 사용합니다.

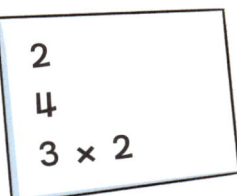

4 일정 패턴을 반복하려면 곱셈 기호와 반복 횟수를 적은 화살표를 추가합니다.

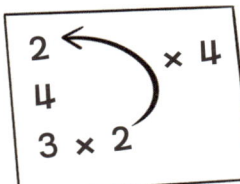

5 음악이 끝날 때까지 춤을 출 수 있게 계속 패턴을 적습니다.

6 그런 다음, 참가자 모두가 코드에 따라 음악에 맞춰 함께 춤출 수 있는지 확인합니다.

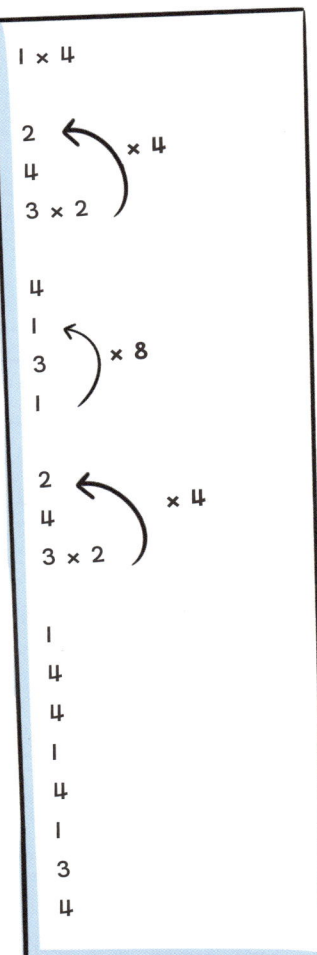

이렇게도 해보세요!
춤추는 것을 좋아한다면 다른 한 사람이나 여럿이 따라야 할 다른 패턴이 있는 좀더 복잡한 춤을 시도해 볼 수 있습니다.

게임 속 과학

실제 컴퓨터 프로그램은 코드에서 일부 반복되는 구간을 비롯해 이와 같은 명령어 목록을 사용해서 공간과 시간을 절약합니다. 더 복잡한 춤을 코딩하는 방법도 찾을 수 있을까요? 예를 들어, 동시에 두 가지 춤 동작을 하고 싶다면 어떻게 해야 할까요? 쓸 만한 새로운 기호나 명령어를 고안해 보세요.

73 화학 원소 빙고

원소는 수소, 산소, 탄소, 또는 은과 같이 모든 물질을 구성하는 순수하고 기본적인 성분입니다. 이 빙고 게임은 원소들의 이름과 기호를 기억하는 데 도움이 됩니다.

5~10명의 참가자와 심판 1명. 참가자마다 빙고 카드가 필요합니다.

준비물
- 마분지
- 가위
- 자
- 컵
- 펜과 종이
- 연필
- 원소 목록

20개의 원소 목록
- H-수소(Hydrogen)
- He-헬륨(Helium)
- Li-리튬(Lithium)
- Be-베릴륨(Beryllium)
- B-붕소(Boron)
- C-탄소(Carbon)
- N-질소(Nitrogen)
- O-산소(Oxygen)
- F-불소(Fluorine)
- Ne-네온(Neon)
- Na-나트륨(Sodium)
- Mg-마그네슘(Magnesium)
- Al-알루미늄(Aluminum 혹은 aluminium)
- Si-규소(Silicon)
- P-인(Phosphorus)
- S-황(Sulfur)
- Cl-염소(Chlorine)
- Ar-아르곤(Argon)
- K-칼륨(Potassium)
- Ca-칼슘(Calcium)

1 먼저, 빙고 카드를 만듭니다. 마분지 위에 길이 12cm, 너비 7cm의 사각형을 그려서 오립니다. 각 카드에는 9개의 직사각형으로 된 격자를 그립니다.

2 이제 20개의 원소 목록이 필요합니다. 옆에 적혀 있는 20개의 원소 목록을 사용하거나 다른 원소를 찾아 자신만의 목록을 만듭니다.

3 검정 펜을 사용하여 각 카드에 다른 원소를 적어 넣습니다. 2장의 카드에 똑같은 원소를 적지 않았는지 확인합니다.

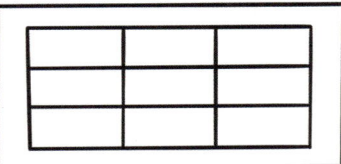

4 이제 자신의 목록에 있는 각각의 원소를 종이에 적고, 그것들을 각기 잘라서 컵에 넣습니다.

각 원소는 자신만의 기호를 가지고 있습니다.

5 게임을 하기 위해 참가자에게 빙고 카드와 연필을 줍니다.

6 심판은 컵에서 원소가 적힌 종이를 꺼내 큰 소리로 읽습니다. 자신의 카드에 그 원소가 있으면 펜으로 선을 그어 지웁니다.

Li-리튬	Ne-네온	Be-베릴륨
Na-나트륨	F-불소	O-산소
H-수소	C-탄소	Cl-염소

7 심판은 계속 컵에서 원소가 적힌 종이를 하나씩 꺼냅니다.

8 자신의 원소가 모두 지워지면 '빙고'를 외치고 게임에서 승리하세요!

화학의 핵심은 원소입니다!

게임 속 과학

원소는 금반지의 금처럼 한 가지로만 존재할 수 있습니다. 또는 다른 원소와 결합해서 다른 물질을 만들 수도 있습니다. 예를 들어 물은 산소와 수소로 구성되어 있습니다. 원소를 이해하는 것은 물질이 무엇으로 만들어지고 어떻게 작용하는지 탐구하는 화학의 핵심입니다.

74 스페이스 빙고

스페이스 빙고 게임은 화학 원소 빙고의 규칙과 동일합니다. 다만 원소 이름 대신에 행성, 위성, 별의 이름을 사용합니다. 다음은 게임에 사용할 수 있는 20개 목록입니다.

스페이스 빙고 목록

- 태양
- 달
- 지구
- 수성
- 금성
- 화성
- 목성
- 토성
- 천왕성
- 해왕성
- 명왕성
- 세드나
- 타이탄
- 이오
- 가니메데
- 칼리스토
- 유로파
- 엔셀라두스
- 트리톤
- 카론

75 꽃가루 경주

여러분이 꽃가루 알레르기가 있다면 꽃가루가 바람에 날린다는 걸 알 수 있습니다.
식물은 씨앗을 만들기 위해 이 꽃에서 저 꽃으로 바람에 꽃가루를 실어 날립니다.

게임 방법

1 신문지나 포장지에 지름이 30cm 정도의 큰 꽃을 그려서 오립니다. 이 꽃을 대고 그려서 모양과 크기가 모두 같은 꽃을 더 많이 만듭니다. 게임에 참여하는 사람이나 각 팀은 꽃을 하나씩 갖습니다.

> 최대 4명 또는 2~3명이 한 팀을 이룬 몇 개의 팀으로 활동합니다.

준비물

- 티슈
- 얇은 책이나 두꺼운 마분지 조각(각 1장씩)
- 신문지나 포장지
- 펜
- 큰 동전
- 가위
- 떼어낼 수 있는 테이프
- 넓고 깨끗한 바닥

2 바닥 한쪽 끝에 간격을 똑같이 하여 꽃을 일렬로 놓고 테이프로 바닥에 붙입니다. 각 꽃에는 차례로 숫자를 적으세요.

③ 티슈에 동전을 놓고 펜으로 외곽선을 그려서 오립니다. 이렇게 작은 종이 원을 많이 만들어 보세요. 이것은 꽃가루 입니다! 참가자 또는 팀은 4개씩 갖습니다.

④ 경주하기 위해 참가자 또는 팀은 꽃 맞은편에 섭니다. 각 팀은 꽃가루를 자기 팀 앞 바닥에 놓고, 책이나 마분지 한 장을 갖고 있습니다.

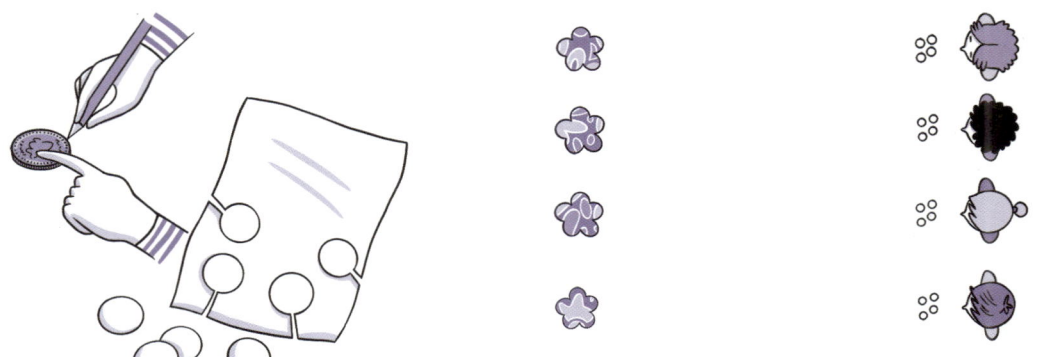

⑤ 셋을 세면, 각 참가자나 팀은 책이나 마분지를 펄럭이며 꽃을 향해 모든 꽃가루를 날립니다. 가장 먼저 모든 꽃가루, 혹은 가장 많은 꽃가루를 꽃에 도착시킨 쪽이 승리합니다.

조심하세요! 책이나 마분지를 너무 세게 펄럭이면 꽃가루가 올바른 방향으로 가지 않습니다.

게임 속 과학

많은 식물이 꽃가루를 퍼뜨리기 위해 바람에 의존하지만 바람은 꽃가루를 올바른 장소로 옮기지 못할 때가 많습니다. 그래서 식물은 더 많은 꽃가루를 실어 보내고, 그중 일부가 목표에 도달할 가능성이 커집니다.

초여름에 사람들이 재채기를 하는 건 이처럼 대기 중에 꽃가루가 많기 때문입니다.

76 위장 게임

완벽하게 위장된 동물을 만들어 친구나 가족과 함께 얼마나 많이 찾을 수 있는지 도전해요.

준비물

- 인터넷이 연결된 컴퓨터와 프린터. 컴퓨터가 없으면 오래된 여행 잡지나 야생동물 잡지에서 필요한 사진을 찾을 수 있습니다. 오려도 괜찮은지 먼저 물어보세요!
  - 연필
  - 가위
  - 풀

게임 방법

최대 10명까지 참여할 수 있어요.

1 인터넷을 사용해 다음과 같은 여러 장소의 사진을, 또렷하고 상세하며 가까이에서 찍은 것으로 찾아보세요.

빽빽한 정글

모래사막

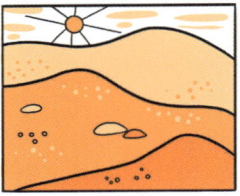

긴 풀이 있는 초원

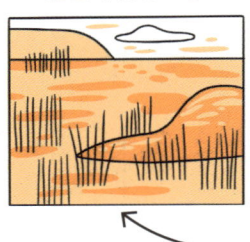

잎이 우거진 숲의 바닥

또렷하고 여러 가지가 찍혀 있는 사진을 찾으세요.

컴퓨터와 프린터를 사용해도 되는지 어른에게 물어보고, 좋은 사진을 찾을 수 있게 도움을 요청하세요.

2 사진을 선택해 4장을 인쇄하세요.

3 참여한 사람들을 두 팀으로 나누어 각 팀에 인쇄한 사진 2장을 줍니다. 각 팀은 서로 볼 수 없도록 따로 모입니다. 팀은 사진 하나를 이용해 작은 동물 모양을 만들어야 합니다. 먼저, 사진에 그림을 그린 다음, 조심스럽게 오립니다.

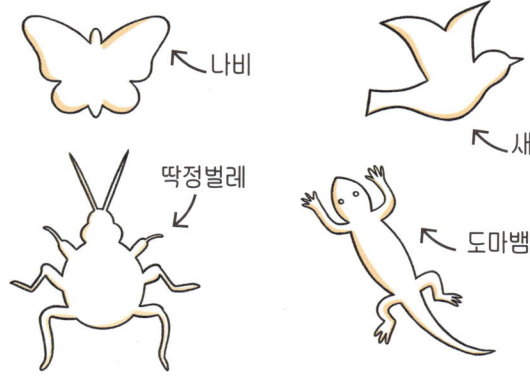

4 그런 다음, 또 다른 사진에 이 동물을 숨겨서 가능한 한 보이지 않게 해야 합니다. 종이 동물이 움직이지 않도록 접착제를 사용해 사진에 붙이세요. 오려 낸 동물은 눈에 띄지 않도록 가장자리를 부드럽게 만듭니다. 상대 팀이 찾기 어렵게 잘라 낸 자리와 똑같은 곳에 붙이세요!

5 이제 각 팀은 상대 팀의 사진에서 위장된 동물을 찾아야 합니다. 숨어 있는 동물을 누가 먼저 다 찾을 수 있을까요?

게임 속 과학

많은 동물이 뛰어난 위장 실력을 갖추고 있습니다. 이들은 사냥꾼이 발견하기 힘들 정도로 주변 환경과 어울립니다. 심지어 가까이에서 찍은 사진에서도 찾을 수 없는 경우가 많습니다!

77 지구와 달

달은 지구에서 얼마나 멀리 떨어져 있을까요?
우리가 생각하는 것보다 가까이 있을까요, 멀리 있을까요?

최대 30명까지 참여할 수 있어요.

준비물
- 흰 종이나 마분지
- 마커펜
- 나침반
- 가위
- 떼어낼 수 있는 테이프
- 넓은 방
- 줄자
- 계산기

게임 방법

1 먼저 지구를 만듭니다. 종이나 마분지에 지름이 정확히 20cm인 원을 그려서 오립니다. 지구처럼 보이게 장식해도 되고, 그냥 '지구'라고 써도 괜찮습니다.

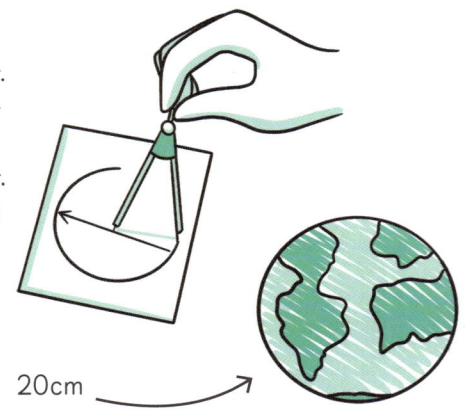

2 다음으로, 게임에 참여한 사람 수만큼 달을 만듭니다. 지름이 정확히 5.5cm인 원을 그려서 오립니다.

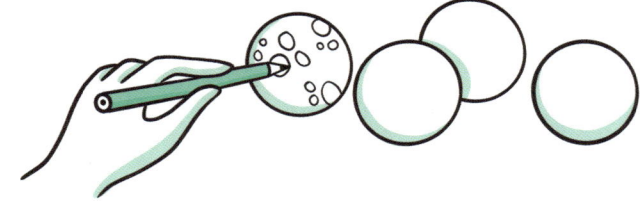

3 이렇게 '종이로 만든 지구와 달'은 서로의 크기를 비교해 일정한 비율로 축소한 것입니다. 실제로는 다음과 같이 큽니다.

지구 지름 : 12,742km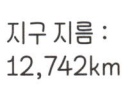

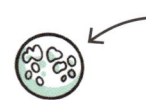 달 지름 : 3,475km 또는 지구 너비의 1/4을 약간 넘습니다.

지구와 달은 서로 얼마나 떨어져 있을까요?

4 지구와 달은 서로 얼마나 떨어져 있을까요? 방의 한쪽 끝 바닥에 지구를 놓고 테이프로 붙이세요.

5 참가자들은 달에 자신의 이름을 씁니다. 다음으로, 지구와 달이 지금 이만한 크기라면 서로 얼마나 떨어져 있을지 생각합니다. 그리고 지구로부터 자신이 생각한 거리에 달을 놓습니다.

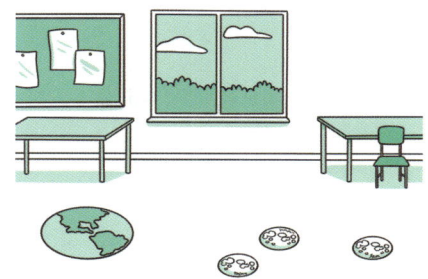

6 모두 자기가 생각한 거리에 달을 놓았으면 답을 찾아봅니다!

7 달이 지구를 공전하면서 거리가 조금씩 달라지지만, 달과 지구 사이의 거리는 평균적으로 약 384,400km 입니다. 이 거리는 지구 지름의 약 30.2배입니다.

우리가 만든 지구의 너비는 20cm입니다. 여기에 30.2를 곱해서 달이 있어야 하는 거리를 구합니다. 그다음, 줄자로 지구에서부터의 거리를 잽니다.

게임 속 과학

놀랐나요? 정답은 6m입니다. 대부분 사람이 달은 이것보다 훨씬 더 지구에 가깝다고 생각합니다. 그건 아마도 지구와 달을 그린 도표에는 서로 더 가깝게 그려져 있고 또, 우리가 하늘에 떠 있는 달을 보면 아주 가깝게 느끼기 때문일 것입니다. 실제로 우주에서 지구와 달은 이만큼 떨어져 있습니다.

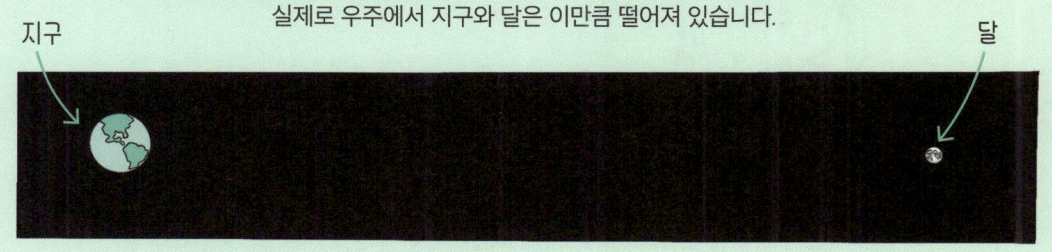

용어 해설

가속도 Acceleration 속도를 높이거나 더 빨라지는 것.

공기 저항 Air resistance 물체가 공기 중에서 이동할 때 발생하는 힘. 물체가 이동하는 방향과 반대로 작용해 움직임을 방해한다.

관성 Inertia 물체가 외부의 힘을 받지 않는 한 자신의 운동 상태를 유지하려는 성질.

구아닌 Guanine DNA를 이루는 네 개의 염기 중 하나.

궤적 Trajectory 움직이는 물체가 그리는 길.

균형 Balance 물체의 무게가 고르게 분산되어 똑바로 서 있고 안정적으로 유지되는 것.

긍정적인 강화 Positive reinforcement 칭찬을 해서 사람이나 동물이 무언가를 하도록 훈련시키는 방법.

기압 Air pressure 공기의 무게가 나가는 정도.

뉴런 Neuron 감각에서 뇌로 신호를 보내는 세포.

뉴턴의 요람 Newton's cradle 물체들 사이에서 운동 에너지가 어떻게 이동하는지 보여 주는 장난감.

단기 기억 Short-term memory 최근에 있었던 일을, 비교적 짧은 기간 기억하는 것.

대칭 Symmetry 어떤 마주 보는 두 물체가 서로 좌우가 바뀐 모습을 하고 있는 것. 한 축을 중심으로 양쪽의 모양이 같은 것.

디엔에이 DNA 데옥시리보핵산(Deoxyribonucleic acid). 생물의 특징을 결정짓는 모든 정보가 담겨 있다.

로타바이러스 Rotavirus 몸을 아프게 할 수 있는 바이러스의 일종.

루브 골드버그 Rube Goldberg 루브 골드버그 장치를 발명한 예술가.

루브 골드버그 장치 Rube Goldberg machine 다른 행동들이 연쇄적으로 일어나는 것을 보여주는 복잡한 장치.

마찰 Friction 한 물체가 다른 물체와 맞비벼질 때의 저항.

밀도 Density 물체를 이루는 분자가 서로 얼마나 가까이 있는지를 나타내는 정도.

별자리 Constellation 일정한 모양이나 형태를 이루고 있는 것처럼 보이는 밤하늘의 별 무리.

보조 날개 Aileron 날개에 돌출된 경첩. 항공기의 비행 상태를 제어하는 데 사용된다.

분자 Molecule 서로 함께 결합한 한 무리의 원자.

사이토신 Cytosine DNA를 이루는 네 개의 염기 중 하나.

산성 Acid pH가 7 미만인 물질. 알칼리성의 반대.

세균 Germ 다른 생물 안에 살 수 있는 작은 생명체.

세포 Cell 모든 생물의 가장 작은 기본 구성 요소.

소용돌이 Vortex 액체나 공기가 중심 주위로 함께 회전하는 것.

수직 Vertical 위에서 아래로 이어진 상태.

수평선 Horizontal 지면과 평행한 선.

스트루프 효과 Stroop Effect 뇌에 각기 다른 정보가 제공되면 그 정보를 처리하는 데 시간이 더 걸리는 것. 예를 들어, 녹색으로 쓰인 '파란색'이라는 단어를 본다면, 파란색으로 적혀 있을 때보다 뇌가 단어를 읽는 데 더 오래 걸릴 것이다.

신경 Nerve 두뇌와 신호를 주고받는 길고 실 같은 구조의 조직.

쌍동선 Catamaran 보트의 일종. 두 개의 선체를 연결한 빠른 범선.

아데닌 Adenine DNA를 이루는 4개의 염기 중 하나.

아리스토텔레스 Aristotle 세상이 어떻게 작동하는지 고심했던 고대 그리스의 철학자이자 과학자.

아이작 뉴턴 Isaac Newton 중력을 발견한 과학자.

알칼리성 Alkaline pH가 7 이상인 물질. 산성의 반대.

에볼라바이러스 Ebola virus 몸을 아프게 할 수 있는 바이러스의 일종.

우주 유영 Spacewalk 우주인이 우주복을 입고 우주선 밖에 나가 있는 것.

운동 에너지 Kinetic energy 움직이는 물체가 가지고 있는 에너지.

원소 Element 한 종류의 원자로 구성된 물질.

원자 Atom 가장 작은 화학적 기본 구성 요소.

위장 Camouflage 사물이나 동물이 주변 환경과 섞이도록 하는 명암과 질감.

이에스피 ESP 초감각적 지각(Extrasensory perception). 사람이 '육감'을 사용하여 무슨 일이 일어날지 예측할 수 있다는 생각.

인공 Artificial 자연적으로 만들어지지 않은, 인간이 만든 것.

인플루엔자 Influenza 몸을 아프게 할 수 있는 바이러스의 일종.

자석 Magnet 다른 물질을 끌어당기는 물질.

장기 기억 Long-term memory 오랫동안 기억하는 것.

점도 Viscosity 액체가 걸쭉한 정도.

존 리들리 스트루프 John Ridley Stroop 스트루프 효과 (Stroop Effect)를 발견한 과학자.

중력 Gravity 물체를 지구로 떨어지게 하는 힘.

지렛대 Lever 무거운 물건을 움직이는 데 쓰는 막대기. '중심점'이라고 하는 한 점을 중심으로 움직인다.

진동 Vibration 물체의 입자가 매우 빠르게 움직이는 것.

진자 Pendulum 고정된 지점에 매달려 좌우로 흔들리는 추.

코드 Code 컴퓨터나 로봇에게 수행할 작업을 지시하는 데 사용하는 일련의 명령어.

코딩 언어 Coding language 프로그래머가 컴퓨터가 수행할 작업을 지시하는 데 사용하며 컴퓨터와 로봇이 쓰는 특수 언어.

코로나바이러스 Coronavirus 몸을 아프게 만들 수 있는 바이러스의 일종.

티민 Thymine DNA를 이루는 네 개의 염기 중 하나.

파장 Wavelength 빛의 파동에서 연속적인 두 파동의 멀거나 가까운 정도를 나타낸 것.

표면 장력 Surface tension 어떤 것의 바깥층에 있는 모든 입자가 서로 들러붙는 것.

표면적 Surface area 어떤 것의 바깥 부분 면적.

프로그램 Program 컴퓨터에게 수행할 작업을 지시하는 일련의 명령.

피에이치 pH 수소 이온 농도. 어떤 것이 산성 또는 알칼리성인지 측정하는 단위.

홍역 Measles 몸을 아프게 할 수 있는 바이러스의 일종.

힘 Forces 물체의 운동 상태를 변화시킬 수 있는 규칙.